Smaki Morza Śródziemnego

Kulinarna Magia Słońca i Zdrowego Stylu Życia

Luca Santoro

Treść

Marokański tagine z warzywami 9
Wrapy z ciecierzycy i selera 11
Grillowane szaszłyki warzywne 13
Pieczarki Portobello faszerowane pomidorami 15
Zwiędłe liście mniszka lekarskiego ze słodką cebulą 17
Seler i musztarda 18
Chrupiące warzywa i tofu 19
Proste Zoodle 21
Wrapy z soczewicy i pomidorów 22
Śródziemnomorska miska warzywna 24
Okład z grillowanymi warzywami i hummusem 26
Hiszpańska fasolka szparagowa 28
Rustykalny hasz z kalafiora i marchewki 29
Pieczony Kalafior I Pomidory 30
Smażona dynia żołędziowa 32
Smażony szpinak z czosnkiem 34
Smażona dynia z czosnkiem i miętą 35
Kompot z okry 36
Papryka faszerowana słodkimi warzywami 37
Musaka z bakłażana 39
Liście cielęce faszerowane warzywami 41
Roladki z grillowanego bakłażana 43

Chrupiące placki dyniowe 45
Tarty ze szpinakiem i serem 47
Kanapki z ogórkiem 49
Dip jogurtowy 50
Szaszłyki pomidorowe 51
Pomidory faszerowane oliwkami i serem 53
tapenada pieprzowa 54
Kolendra Falafel 55
Hummus z czerwoną papryką 57
Dip z białej fasoli 58
Hummus z mielonej jagnięciny 59
Dip z bakłażana 60
Placki warzywne 61
Pulpety z jagnięciny bulgur 63
Ukąszenia Ogórka 65
Nadziewane awokado 66
Pakowane śliwki 67
Feta i marynowane karczochy 68
Krakersy z tuńczyka 69
Surowe warzywa z wędzonym łososiem 72
Oliwki marynowane w cytrusach 72
Tapenada oliwna z anchois 74
Ciasteczka Manchego 76
Filet Caprese Burrata 78
Aioli cytrynowo-czosnkowe z cukinią i ricottą 80
Ogórki faszerowane łososiem 81
Pasztet z sera koziego – makreli 83

Smak wspaniałych śródziemnomorskich bomb 85

Gazpacho z awokado 87

Kubki z sałatą krabową 89

Estragonowa sałatka z kurczakiem i pomarańczą 91

Pieczarki faszerowane fetą i komosą ryżową 93

Pięcioskładnikowy falafel z sosem jogurtowo-czosnkowym 95

Krewetki cytrynowe z oliwą czosnkową 97

Chrupiące frytki z fasolki szparagowej z sosem cytrynowo-jogurtowym .. 99

Chipsy Pita z domową solą morską 101

Pieczony dip Spanakopita 102

Smażony dip cebulowy 104

Tapenada z czerwonej papryki 106

Greckie skórki ziemniaków z oliwkami i fetą 108

Pita z karczochami i oliwkami 110

Paella warzywna 112

Zapiekanka z bakłażanem i ryżem 114

Kuskus warzywny 116

Kushari 119

Bulgur z pomidorami i ciecierzycą 122

Makrela Makrela 124

Maccheroni z pomidorkami koktajlowymi i anchois 126

Risotto z cytryną i krewetkami 128

Spaghetti z małżami 130

Grecka zupa rybna 132

Ryż Venere z Krewetkami 134

Pennette z łososiem i wódką 136

Carbonara z owocami morza 138

Garganelli z pesto z cukinii i krewetek 140

Risotto z łososiem 143

Makaron z pomidorkami koktajlowymi i anchois 145

Orecchiette z brokułami i kiełbasą 147

Risotto z radicchio i wędzonym boczkiem 149

Biszkopt 151

Makaron kalafiorowy Neapol 154

Pasta e Fagioli z pomarańczą i koprem włoskim 156

Spaghetti z limonką 158

Pikantny kuskus warzywny 160

Pieczony ryż z pikantnym koprem włoskim 162

Marokański kuskus z ciecierzycą 164

Paella wegetariańska z fasolką szparagową i ciecierzycą 166

Krewetki czosnkowe z pomidorami i bazylią 168

Paella z krewetkami 170

Sałatka z soczewicy z oliwkami, miętą i fetą 172

Ciecierzyca z czosnkiem i pietruszką 174

Kompot z ciecierzycy z bakłażanem i pomidorami 176

Ryż grecki z cytryną 178

Ryż z czosnkiem i ziołami 180

Śródziemnomorska sałatka ryżowa 182

Sałatka ze świeżej fasoli i tuńczyka 184

Pyszny makaron z kurczakiem 186

Miska ryżowa z aromatyzowanym taco 188

Smaczny makaron i ser 190

Ryż z ogórkami i oliwkami 192

Smaki risotto z ziołami 194

Pyszny makaron Primavera 196

Makaron z pieczoną papryką 198

Ser Bazylia Pomidory Ryż 200

makaron z tuńczykiem 202

Panini miksuje awokado i indyka 204

Fattoush – chleb z Bliskiego Wschodu 206

Bezglutenowa focaccia z pomidorami i czosnkiem 208

grillowane burgery grzybowe 210

Śródziemnomorska baba ganoush 212

Bułeczki wieloziarniste i bezglutenowe 214

Marokański tagine z warzywami

Czas przygotowania: 20 minut

Czas gotowania: 40 minut

Porcje: 2

Poziom trudności: średni

Składniki:

- 2 łyżki oliwy z oliwek
- ½ cebuli, pokrojonej w kostkę
- 1 ząbek czosnku, posiekany
- 2 szklanki różyczek kalafiora
- 1 średnia marchewka, pokrojona na 1-calowe kawałki
- 1 szklanka pokrojonego w kostkę bakłażana
- 1 puszka całych pomidorów z sokiem
- 1 puszka (425 g) ciecierzycy
- 2 małe czerwone ziemniaki
- 1 szklanka wody
- 1 łyżeczka czystego syropu klonowego
- ½ łyżeczki cynamonu
- ½ łyżeczki kurkumy
- 1 łyżeczka kminku
- ½ łyżeczki soli
- 1 do 2 łyżek pasty harissa

Wskazówki:

W holenderskim piekarniku rozgrzej oliwę z oliwek na średnim ogniu. Smaż cebulę przez 5 minut, od czasu do czasu mieszając, lub do momentu, aż cebula stanie się przezroczysta.

Wymieszaj czosnek, różyczki kalafiora, marchewkę, bakłażan, pomidory i ziemniaki. Pomidory rozdrobnić drewnianą łyżką na małe kawałki.

Dodać ciecierzycę, wodę, syrop klonowy, cynamon, kurkumę, kminek i sól i wymieszać. Niech się zagotuje

Po zakończeniu zmniejsz ogień do średnio-niskiego. Dodaj pastę harissa, przykryj i gotuj na wolnym ogniu przez około 40 minut lub do momentu, aż warzywa będą miękkie. Posmakuj i w razie potrzeby dopraw do smaku. Pozwól mu odpocząć przed podaniem.

Wartości odżywcze (w 100g): 293 kalorii 9,9 g tłuszczu 12,1 g węglowodanów 11,2 g białka 811 mg sodu

Wrapy z ciecierzycy i selera

Czas przygotowania: 10 minut
Czas gotowania: 0 minut
Porcje: 4
Poziom trudności: Łatwy

Składniki:

- 1 puszka (425 g) ciecierzycy o niskiej zawartości sodu
- 1 łodyga selera, pokrojona w cienkie plasterki
- 2 łyżki drobno posiekanej czerwonej cebuli
- 2 łyżki niesolonego tahini
- 3 łyżki musztardy miodowej
- 1 łyżka kaparów, nieobranych
- 12 liści sałaty

Wskazówki:

W misce rozgnieć ciecierzycę za pomocą tłuczka do ziemniaków lub grzbietu widelca, aż będzie prawie gładka. Do miski dodaj seler, czerwoną cebulę, tahini, musztardę miodową i kapary i mieszaj, aż składniki się dobrze połączą.

Na każdą porcję ułóż trzy liście sałaty jeden na drugim na talerzu i posyp ¼ puree z ciecierzycy, a następnie zwiń. Powtórz tę czynność z pozostałymi liśćmi sałaty i mieszanką ciecierzycy.

Wartości odżywcze (w 100g): 182 kalorie 7,1 g tłuszczu 3 g węglowodanów 10,3 g białka 743 mg sodu

Grillowane szaszłyki warzywne

Czas przygotowania: 15 minut

Czas gotowania: Dziesięć minut

Porcje: 4

Poziom trudności: Łatwy

Składniki:

- 4 średnie czerwone cebule, obrane i pokrojone na 6 plasterków
- 4 średnie cukinie, pokrojone w plastry o grubości 1 cala
- 2 pieczone pomidory, pokrojone w ćwiartki
- 4 czerwone papryki
- 2 pomarańczowe papryki
- 2 żółte papryki
- 2 łyżki + 1 łyżeczka oliwy z oliwek

Wskazówki:

Rozgrzej grill do średnio-wysokiej temperatury. Warzywa nadziewamy na szaszłyki, na przemian czerwoną cebulę, cukinię, pomidory i paprykę w różnych kolorach. Posmaruj je 2 łyżkami oliwy z oliwek.

Grilla grillujemy na oleju z 1 łyżeczką oliwy z oliwek i grillujemy szaszłyki warzywne przez 5 minut. Odwróć szaszłyki i grilluj przez kolejne 5 minut lub do momentu, aż będą ugotowane według własnych upodobań. Przed podaniem szaszłyki należy pozostawić na 5 minut do ostygnięcia.

Wartości odżywcze (w 100g): 115 kalorii 3 g tłuszczu 4,7 g węglowodanów 3,5 g białka 647 mg sodu

Pieczarki Portobello faszerowane pomidorami

Czas przygotowania: 10 minut
Czas gotowania: 15 minut
Porcje: 4
Poziom trudności: średni

Składniki:

- 4 duże kapelusze grzybów Portobello
- 3 łyżki oliwy z oliwek z pierwszego tłoczenia
- Sól i czarny pieprz do smaku
- 4 suszone pomidory
- 1 szklanka startego sera mozzarella, podzielona
- ½ do ¾ szklanki sosu pomidorowego o niskiej zawartości sodu

Wskazówki:

Rozgrzej grill do wysokiej temperatury. Ułóż kapelusze grzybów na blasze do pieczenia i skrop oliwą z oliwek. Posypać solą i pieprzem. Piec przez 10 minut, w połowie pieczenia przewracając kapelusze grzybów, aż wierzch się zarumieni.

Zdjąć z grilla. Na każdej główce grzyba umieść 1 pomidor, 2 łyżki sera i 2–3 łyżki sosu. Połóż kapelusze grzybów na grillu i kontynuuj grillowanie przez 2 do 3 minut. Przed podaniem pozostaw do ostygnięcia na 5 minut.

Wartości odżywcze (w 100g): 217 kalorii 15,8 g tłuszczu 9 g węglowodanów 11,2 g białka 793 mg sodu

Zwiędłe liście mniszka lekarskiego ze słodką cebulą

Czas przygotowania: 15 minut
Czas gotowania: 15 minut
Porcje: 4
Poziom trudności: Łatwy

Składniki:

- 1 łyżka oliwy z oliwek z pierwszego tłoczenia
- 2 ząbki czosnku, posiekane
- 1 cebula Vidalia, pokrojona w cienkie plasterki
- ½ szklanki bulionu warzywnego o niskiej zawartości sodu
- 2 pęczki zielonego mniszka lekarskiego, grubo posiekanego
- Świeżo zmielony czarny pieprz do smaku

Wskazówki:

W dużym rondlu na małym ogniu rozgrzej oliwę z oliwek. Dodaj czosnek i cebulę i smaż przez 2 do 3 minut, mieszając od czasu do czasu, lub do momentu, aż cebula stanie się przezroczysta.

Dodaj bulion warzywny i ziele mniszka lekarskiego i gotuj przez 5 do 7 minut, aż zmiękną, często mieszając. Posyp czarnym pieprzem i podawaj na gorącym talerzu.

Wartości odżywcze (w 100g): 81 kalorii 3,9 g tłuszczu 4 g węglowodanów 3,2 g białka 693 mg sodu

Seler i musztarda

Czas przygotowania: 10 minut
Czas gotowania: 15 minut
Porcje: 4
Poziom trudności: średni

Składniki:

- ½ szklanki bulionu warzywnego o niskiej zawartości sodu
- 1 łodyga selera, grubo posiekana
- ½ słodkiej cebuli, posiekanej
- ½ dużej czerwonej papryki, pokrojonej w cienkie plasterki
- 2 ząbki czosnku, posiekane
- 1 pęczek grubo posiekanej gorczycy

Wskazówki:

Wlać bulion warzywny do dużego żeliwnego garnka i doprowadzić do wrzenia na średnim ogniu. Wymieszaj seler, cebulę, pieprz i czosnek. Gotuj bez przykrycia przez około 3 do 5 minut.

Dodaj musztardę na patelnię i dobrze wymieszaj. Zmniejsz ogień i gotuj, aż płyn odparuje, a warzywa zwiędną. Zdejmij z ognia i podawaj na gorąco.

Wartości odżywcze (w 100g): 39 kalorii 3,1 g białka 6,8 g węglowodanów 3 g białka 736 mg sodu

Chrupiące warzywa i tofu

Czas przygotowania: 5 minut
Czas gotowania: Dziesięć minut
Porcje: 2
Poziom trudności: Łatwy

Składniki:

- 2 łyżki oliwy z oliwek z pierwszego tłoczenia
- ½ czerwonej cebuli, drobno posiekanej
- 1 szklanka posiekanej kapusty
- 8 uncji (227 g) grzybów pokrojonych w plasterki
- 8 uncji (227 g) tofu, pokrojonego na kawałki
- 2 ząbki czosnku, posiekane
- Szczypta płatków czerwonej papryki
- ½ łyżeczki soli morskiej
- 1/8 łyżeczki świeżo zmielonego czarnego pieprzu

Wskazówki:

Podsmaż oliwę z oliwek na średniej patelni z powłoką nieprzywierającą na średnim ogniu, aż zacznie lśnić. Na patelnię dodaj cebulę, jarmuż i grzyby. Smaż, mieszając od czasu do czasu, lub do momentu, aż warzywa zaczną się rumienić.

Dodaj tofu i smaż przez 3 do 4 minut, aż zmięknie. Dodaj czosnek, płatki czerwonej papryki, sól i czarny pieprz i smaż przez 30 sekund. Pozwól mu odpocząć przed podaniem.

Wartości odżywcze (w 100g): 233 kalorie 15,9 g tłuszcz 2 g węglowodany 13,4 g białko 733 mg sód

Proste Zoodle

Czas przygotowania: 10 minut
Czas gotowania: 5 minut
Porcje: 2
Poziom trudności: Łatwy

Składniki:

- 2 łyżki oleju z awokado
- 2 średnie cukinie, spiralizowane
- ¼ łyżeczki soli
- Świeżo zmielony czarny pieprz do smaku

Wskazówki:

Rozgrzej olej z awokado na dużej patelni na średnim ogniu, aż zacznie lśnić. Dodaj makaron z cukinii, sól i czarny pieprz na patelnię i wymieszaj. Gotuj i mieszaj ciągle, aż będzie miękka. Podaje się na gorąco.

Wartości odżywcze (w 100g): 128 kalorii 14 g tłuszczu 0,3 g węglowodanów 0,3 g białka 811 mg sodu

Wrapy z soczewicy i pomidorów

Czas przygotowania: 15 minut

Czas gotowania: 0 minut

Porcje: 4

Poziom trudności: Łatwy

Składniki:

- 2 szklanki gotowanej soczewicy
- 5 pomidorów rumowych, pokrojonych w kostkę
- ½ szklanki startego sera feta
- 10 dużych, świeżych liści bazylii, pokrojonych w cienkie plasterki
- ¼ szklanki oliwy z oliwek z pierwszego tłoczenia
- 1 łyżka octu balsamicznego
- 2 ząbki czosnku, posiekane
- ½ łyżeczki surowego miodu
- ½ łyżeczki soli
- ¼ łyżeczki świeżo zmielonego czarnego pieprzu
- 4 duże liście laurowe, usunięte łodygi

Wskazówki:

Połącz soczewicę, pomidory, ser, liście bazylii, oliwę z oliwek, ocet, czosnek, miód, sól i czarny pieprz i dobrze wymieszaj.

Ułóż warzywa na płaskiej powierzchni roboczej. Wlać równe ilości mieszanki soczewicy wokół krawędzi liści. Zwiń je i przekrój na pół, aby podać.

Wartości odżywcze (w 100g): 318 kalorii 17,6 g tłuszczu 27,5 g węglowodanów 13,2 g białka 800 mg sodu

Śródziemnomorska miska warzywna

Czas przygotowania: 10 minut
Czas gotowania: 20 minut
Porcje: 4
Poziom trudności: średni

Składniki:

- 2 szklanki wody
- 1 szklanka pszenicy bulgur nr 3 lub komosy ryżowej, opłukana
- 1 ½ łyżeczki soli, podzielone
- 1 litr (2 szklanki) pomidorków cherry, przekrojonych na pół
- 1 duża papryka, posiekana
- 1 duży ogórek, posiekany
- 1 szklanka oliwek Kalamata
- ½ szklanki świeżo wyciśniętego soku z cytryny
- 1 szklanka oliwy z oliwek z pierwszego tłoczenia
- ½ łyżeczki świeżo zmielonego czarnego pieprzu

Wskazówki:

Doprowadzić wodę do wrzenia w średnim rondlu na średnim ogniu. Dodaj bulgur (lub komosę ryżową) i 1 łyżeczkę soli. Przykryj i gotuj przez 15 do 20 minut.

Aby ułożyć warzywa w 4 miskach, wizualnie podziel każdą miskę na 5 części. Ugotowany bulgur umieść w jednej części. Kontynuuj z pomidorami, papryką, ogórkami i oliwkami.

Wymieszaj sok z cytryny, oliwę z oliwek, pozostałą ½ łyżeczki soli i czarny pieprz.

Polać równomiernie winegretem wszystkie 4 miski. Podawać natychmiast lub przykryć i przechowywać w lodówce na później.

Wartości odżywcze (w 100g): 772 kalorii 9 g tłuszczu 6 g białka 41 g węglowodanów 944 mg sodu

Okład z grillowanymi warzywami i hummusem

Czas przygotowania: 15 minut
Czas gotowania: Dziesięć minut
Porcje: 6
Poziom trudności: średni

Składniki:

- 1 duży bakłażan
- 1 duża cebula
- ½ szklanki oliwy z oliwek z pierwszego tłoczenia
- 1 łyżeczka soli
- 6 owijek lawaszu lub dużego chleba pita
- 1 szklanka tradycyjnego kremowego hummusu

Wskazówki:

Rozgrzej grill, dużą patelnię lub lekko naoliwioną dużą patelnię na średnim ogniu. Bakłażana i cebulę pokroić w krążki. Warzywa posmarować oliwą i posypać solą.

Smaż warzywa z obu stron, około 3-4 minuty z każdej strony. Aby zrobić wrap, połóż lawasz lub pitę na płasko. Na folii ułóż około 2 łyżek hummusu.

Rozłóż warzywa równomiernie pomiędzy foliami, zakładając je po jednej stronie folii. Delikatnie złóż bok folii z warzywami, wsuwając je do środka i tworząc ciasny owinięcie.

Połóż folię łączeniem do dołu i przekrój ją na pół lub na trzy części.

Możesz także owinąć każdą kanapkę w folię spożywczą, aby zachować jej kształt do późniejszego spożycia.

Wartości odżywcze (w 100g): 362 kalorie 10 g tłuszczu 28 g węglowodanów 15 g białka 736 mg sodu

Hiszpańska fasolka szparagowa

Czas przygotowania: 10 minut
Czas gotowania: 20 minut
Porcje: 4
Poziom trudności: Łatwy

Składniki:

- ¼ szklanki oliwy z oliwek z pierwszego tłoczenia
- 1 duża cebula, posiekana
- 4 ząbki czosnku, drobno posiekane
- 1 funt zielonej fasolki, świeżej lub mrożonej, posiekanej
- 1 ½ łyżeczki soli, podzielone
- 1 puszka (15 uncji) pokrojonych w kostkę pomidorów
- ½ łyżeczki świeżo zmielonego czarnego pieprzu

Wskazówki:

Podgrzej oliwę z oliwek, cebulę i czosnek; gotować przez 1 minutę. Fasolkę szparagową pokroić na 2-calowe kawałki. Dodaj fasolkę szparagową i 1 łyżeczkę soli do garnka i zamieszaj; gotować 3 minuty. Do rondla dodaj pokrojone w kostkę pomidory, pozostałą ½ łyżeczki soli i czarny pieprz; Kontynuuj gotowanie przez kolejne 12 minut, od czasu do czasu mieszając. Podaje się na gorąco.

Wartości odżywcze (w 100g): 200 kalorii 12 g tłuszczu 18 g węglowodanów 4 g białka 639 mg sodu

Rustykalny hasz z kalafiora i marchewki

Czas przygotowania: 10 minut

Czas gotowania: Dziesięć minut

Porcje: 4

Poziom trudności: Łatwy

Składniki:

- 3 łyżki oliwy z oliwek z pierwszego tłoczenia
- 1 duża cebula, posiekana
- 1 łyżka czosnku, posiekanego
- 2 szklanki marchewki, pokrojonej w kostkę
- 4 szklanki umytych kawałków kalafiora
- 1 łyżeczka soli
- ½ łyżeczki mielonego kminku

Wskazówki:

Smaż oliwę, cebulę, czosnek i marchewkę przez 3 minuty. Kalafior pokroić na kawałki o wielkości 1 cala lub wielkości kęsa. Na patelnię dodaj kalafior, sól i kminek, wymieszaj z marchewką i cebulą.

Przykryj i gotuj przez 3 minuty. Dodaj warzywa i kontynuuj smażenie przez kolejne 3 do 4 minut. Podaje się na gorąco.

Wartości odżywcze (w 100g): 159 kalorii 17 g tłuszczu 15 g węglowodanów 3 g białka 569 mg sodu

Pieczony Kalafior I Pomidory

Czas przygotowania: 5 minut

Czas gotowania: 25 minut

Porcje: 4

Poziom trudności: średni

Składniki:

- 4 szklanki kalafiora pokrojonego na 1-calowe kawałki
- 6 łyżek oliwy z oliwek z pierwszego tłoczenia, podzielone
- 1 łyżeczka soli, podzielona
- 4 szklanki pomidorków koktajlowych
- ½ łyżeczki świeżo zmielonego czarnego pieprzu
- ½ szklanki startego parmezanu

Wskazówki:

Rozgrzej piekarnik do 425°F. Do dużej miski dodaj kalafiora, 3 łyżki oliwy z oliwek i ½ łyżeczki soli i wymieszaj. Rozprowadza się go na blasze do pieczenia równą warstwą.

Do innej dużej miski dodaj pomidory, pozostałe 3 łyżki oliwy z oliwek i ½ łyżeczki soli i wymieszaj. Przelać na drugą blachę. Włóż kalafior i liście pomidora do piekarnika na 17-20 minut, aż kalafior się lekko zarumieni, a pomidory będą pulchne.

Za pomocą szpatułki ułóż kalafior na półmisku i udekoruj pomidorami, czarnym pieprzem i parmezanem. Podaje się na gorąco.

Wartości odżywcze (w 100g): 294 kalorie 14 g tłuszczu 13 g węglowodanów 9 g białka 493 mg sodu

Smażona dynia żołędziowa

Czas przygotowania: 10 minut
Czas gotowania: 35 minut
Porcje: 6
Poziom trudności: średni

Składniki:

- 2 dynie żołędziowe, średnie i duże
- 2 łyżki oliwy z oliwek z pierwszego tłoczenia
- 1 łyżeczka soli i więcej do przyprawienia
- 5 łyżek niesolonego masła
- ¼ szklanki posiekanych liści szałwii
- 2 łyżki świeżych liści tymianku
- ½ łyżeczki świeżo zmielonego czarnego pieprzu

Wskazówki:

Rozgrzej piekarnik do 400°F. Dynię żołędziową przekrój wzdłuż na pół. Wyskrob nasiona i pokrój poziomo w plastry o grubości ¾ cala. W dużej misce wymieszaj dynię z oliwą z oliwek, posyp solą i wymieszaj.

Połóż dynię żołędziową na blasze do pieczenia. Włóż cukinię do piekarnika i piecz przez 20 minut. Obracaj dynię szpatułką i gotuj przez kolejne 15 minut.

Rozpuść masło w średnim rondlu na średnim ogniu. Do roztopionego masła dodać szałwię i tymianek i smażyć przez 30 sekund. Usmażone plastry dyni przełożyć na talerz. Na dynię wlać mieszankę masła i ziół. Doprawić solą i czarnym pieprzem. Podaje się na gorąco.

Wartości odżywcze (w 100g): 188 kalorii 13 g tłuszczu 16 g węglowodanów 1 g białka 836 mg sodu

Smażony szpinak z czosnkiem

Czas przygotowania: 5 minut
Czas gotowania: Dziesięć minut
Porcje: 4
Poziom trudności: Łatwy

Składniki:

- ¼ szklanki oliwy z oliwek z pierwszego tłoczenia
- 1 duża cebula, pokrojona w cienkie plasterki
- 3 ząbki czosnku, posiekane
- 6 torebek (1 kg) szpinaku baby, umytego
- ½ łyżeczki soli
- 1 cytryna, pokrojona w ćwiartki

Wskazówki:

Smażyć oliwę z oliwek, cebulę i czosnek na dużej patelni przez 2 minuty na średnim ogniu. Dodaj torebkę szpinaku i ½ łyżeczki soli. Przykryj patelnię i pozwól szpinakowi zwiędnąć przez 30 sekund. Powtórz tę czynność (pomijając sól), dodając po 1 torebce szpinaku na raz.

Po dodaniu całego szpinaku zdejmij pokrywkę i gotuj przez 3 minuty, pozwalając, aby część wilgoci odparowała. Podawać gorące ze skórką z cytryny na wierzchu.

Wartości odżywcze (w 100g): 301 kalorii 12 g tłuszczu 29 g węglowodanów 17 g białka 639 mg sodu

Smażona dynia z czosnkiem i miętą

Czas przygotowania: 5 minut
Czas gotowania: Dziesięć minut
Porcje: 4
Poziom trudności: Łatwy

Składniki:

- 3 duże zielone dynie
- 3 łyżki oliwy z oliwek z pierwszego tłoczenia
- 1 duża cebula, posiekana
- 3 ząbki czosnku, posiekane
- 1 łyżeczka soli
- 1 łyżeczka suszonej mięty

Wskazówki:

Cukinię pokroić w ½-calową kostkę. Smaż oliwę, cebulę i czosnek przez 3 minuty, ciągle mieszając.

Dodaj cukinię i sól na patelnię, wymieszaj, aby połączyć się z cebulą i czosnkiem, smaż przez 5 minut. Dodaj miętę na patelnię, wymieszaj do połączenia. Gotuj przez kolejne 2 minuty. Podaje się na gorąco.

Wartości odżywcze (w 100g): 147 kalorii 16 g tłuszczu 12 g węglowodanów 4 g białka 723 mg sodu

Kompot z okry

Czas przygotowania: 55 minut

Czas gotowania: 25 minut

Porcje: 4

Poziom trudności: Łatwy

Składniki:

- ¼ szklanki oliwy z oliwek z pierwszego tłoczenia
- 1 duża cebula, posiekana
- 4 ząbki czosnku, drobno posiekane
- 1 łyżeczka soli
- 1 kilogram świeżej lub mrożonej okry, obranej
- 1 puszka (15 uncji) zwykłego sosu pomidorowego
- 2 szklanki wody
- ½ szklanki świeżej kolendry, drobno posiekanej
- ½ łyżeczki świeżo zmielonego czarnego pieprzu

Wskazówki:

Wymieszaj i smaż oliwę z oliwek, cebulę, czosnek i sól przez 1 minutę. Dodaj okrę i gotuj przez 3 minuty.

Dodać sos pomidorowy, wodę, kolendrę i czarny pieprz; wymieszać, przykryć i dusić przez 15 minut, od czasu do czasu mieszając. Podaje się na gorąco.

Wartości odżywcze (w 100g): 201 kalorii 6 g tłuszczu 18 g węglowodanów 4 g białka 693 mg sodu

Papryka faszerowana słodkimi warzywami

Czas przygotowania: 20 minut
Czas gotowania: 30 minut
Porcje: 6
Poziom trudności: średni

Składniki:

- 6 dużych papryk w różnych kolorach
- 3 łyżki oliwy z oliwek z pierwszego tłoczenia
- 1 duża cebula, posiekana
- 3 ząbki czosnku, posiekane
- 1 marchewka, posiekana
- 1 puszka (16 uncji) ciecierzycy, przepłukana i odsączona
- 3 szklanki ugotowanego ryżu
- 1 ½ łyżeczki soli
- ½ łyżeczki świeżo zmielonego czarnego pieprzu

Wskazówki:

Rozgrzej piekarnik do 350°F. Upewnij się, że wybierasz paprykę, która może stać. Z papryki odetnij kapelusz i usuń nasiona, zostawiając kapelusz na później. Paprykę ułożyć w naczyniu do zapiekania.

Podgrzewaj oliwę, cebulę, czosnek i marchewkę przez 3 minuty. Dodaj ciecierzycę. Gotuj przez kolejne 3 minuty. Zdejmij patelnię z ognia i włóż ugotowane składniki do dużej miski. Dodaj ryż, sól i pieprz; wymieszać do połączenia.

Napełnij każdą paprykę do góry, a następnie nałóż na nią kapelusze. Przykryj blachę do pieczenia folią aluminiową i piecz przez 25 minut. Zdejmij folię i piecz przez kolejne 5 minut. Podaje się na gorąco.

Wartości odżywcze (w 100g): 301 kalorii 15 g tłuszczu 50 g węglowodanów 8 g białka 803 mg sodu

Musaka z bakłażana

Czas przygotowania: 55 minut

Czas gotowania: 40 minut

Porcje: 6

Poziom trudności: trudny

Składniki:

- 2 duże bakłażany
- 2 łyżeczki soli, podzielone
- Oliwa z oliwek w sprayu
- ¼ szklanki oliwy z oliwek z pierwszego tłoczenia
- 2 duże cebule, pokrojone w plasterki
- 10 ząbków czosnku pokroić w plasterki
- 2 puszki (15 uncji) pokrojonych w kostkę pomidorów
- 1 puszka (16 uncji) ciecierzycy, przepłukana i odsączona
- 1 łyżeczka suszonego oregano
- ½ łyżeczki świeżo zmielonego czarnego pieprzu

Wskazówki:

Pokrój bakłażana poziomo w okrągłe krążki o grubości ¼ cala. Plasterki bakłażana posyp 1 łyżeczką soli i odłóż na durszlak na 30 minut.

Rozgrzej piekarnik do 450°F. Plasterki bakłażana osusz ręcznikiem papierowym i spryskaj każdą stronę oliwą w sprayu lub delikatnie posmaruj każdą stronę oliwą z oliwek.

Ułóż bakłażany w jednej warstwie na blasze do pieczenia. Wstawić do piekarnika i piec 10 minut. Następnie za pomocą szpatułki obróć plastry na drugą stronę i smaż przez kolejne 10 minut.

Podsmaż oliwę, cebulę, czosnek i pozostałą 1 łyżeczkę soli. Gotuj przez 5 minut, rzadko mieszając. Dodać pomidory, ciecierzycę, oregano i czarny pieprz. Gotuj przez 12 minut, od czasu do czasu mieszając.

Używając głębokiego naczynia żaroodpornego, rozpocznij układanie warstw, zaczynając od bakłażana, a następnie sosu. Powtarzaj, aż wszystkie składniki zostaną wykorzystane. Piec przez 20 minut. Wyjmij z piekarnika i podawaj na gorąco.

Wartości odżywcze (w 100g): 262 kalorie 11 g tłuszczu 35 g węglowodanów 8 g białka 723 mg sodu

Liście cielęce faszerowane warzywami

Czas przygotowania: 50 minut

Czas gotowania: 45 minut

Porcje: 8

Poziom trudności: średni

Składniki:

- 2 szklanki białego ryżu, opłukanego
- 2 duże pomidory, pokrojone w małą kostkę
- 1 duża cebula, drobno posiekana
- 1 zielona cebula, drobno posiekana
- 1 szklanka świeżej włoskiej pietruszki, drobno posiekanej
- 3 ząbki czosnku, posiekane
- 2 ½ łyżeczki soli
- ½ łyżeczki świeżo zmielonego czarnego pieprzu
- 1 słoik (16 uncji) liści winogron
- 1 szklanka soku z cytryny
- ½ szklanki oliwy z oliwek z pierwszego tłoczenia
- 4 do 6 szklanek wody

Wskazówki:

Połącz ryż, pomidory, cebulę, zieloną cebulę, pietruszkę, czosnek, sól i czarny pieprz. Odcedź i opłucz liście winorośli. Przygotuj duży rondel, umieszczając na dnie warstwę liści winogron. Połóż każdy liść na płasko i odetnij łodygi.

Umieść 2 łyżki mieszanki ryżowej u podstawy każdego liścia. Złóż boki, a następnie zwiń tak ciasno, jak to możliwe. Umieść zwinięte liście winogron w garnku, wyrównując każdy zwinięty liść winogron. Kontynuuj układanie warstw zwiniętych liści winogron.

Delikatnie polej liście winogron sokiem z cytryny i oliwą z oliwek i dodaj tyle wody, aby przykryła liście winogron na 1 cal. Połóż ciężki talerz mniejszy niż otwór miski do góry nogami na liściach winogron. Przykryj patelnię i gotuj liście na średnim ogniu przez 45 minut. Odstawić na 20 minut przed podaniem. Podawać na gorąco lub na zimno.

Wartości odżywcze (w 100g): 532 kalorie 15 g tłuszczu 80 g węglowodanów 12 g białka 904 mg sodu

Roladki z grillowanego bakłażana

Czas przygotowania: 30 minut
Czas gotowania: Dziesięć minut
Porcje: 6
Poziom trudności: średni

Składniki:

- 2 duże bakłażany
- 1 łyżeczka soli
- 4 uncje koziego sera
- 1 szklanka ricotty
- ¼ szklanki świeżej bazylii, drobno posiekanej
- ½ łyżeczki świeżo zmielonego czarnego pieprzu
- Oliwa z oliwek w sprayu

Wskazówki:

Odetnij wierzchołki bakłażana i pokrój bakłażana wzdłuż na plastry o grubości ¼ cala. Posyp plastry solą i umieść bakłażana na durszlaku na 15–20 minut.

Dodać kozi ser, ricottę, bazylię i pieprz. Rozgrzej lekko naoliwioną patelnię, patelnię lub patelnię na średnim ogniu. Plasterki bakłażana osusz i spryskaj lekko oliwą w sprayu. Połóż bakłażany na grillu, patelni lub patelni i smaż po 3 minuty z każdej strony.

Zdejmij bakłażana z ognia i pozostaw do ostygnięcia na 5 minut. Aby zawinąć, połóż plaster bakłażana, na spodzie plasterka połóż łyżkę mieszanki serowej i zwiń. Podawać natychmiast lub przechowywać w lodówce do momentu podania.

Wartości odżywcze (w 100g): 255 kalorii 7 g tłuszczu 19 g węglowodanów 15 g białka 793 mg sodu

Chrupiące placki dyniowe

Czas przygotowania: 15 minut

Czas gotowania: 20 minut

Porcje: 6

Poziom trudności: Łatwy

Składniki:

- 2 duże zielone dynie
- 2 łyżki włoskiej pietruszki, drobno posiekanej
- 3 ząbki czosnku, posiekane
- 1 łyżeczka soli
- 1 szklanka mąki
- 1 duże ubite jajko
- ½ szklanki wody
- 1 łyżeczka proszku do pieczenia
- 3 szklanki oleju roślinnego lub awokado

Wskazówki:

Cukinię zetrzeć w dużej misce. Do miski dodać pietruszkę, czosnek, sól, mąkę, jajko, wodę i drożdże i wymieszać do połączenia. W dużym garnku lub frytkownicy na średnim ogniu rozgrzej olej do temperatury 365°F.

Ciasto na pączki wrzucać na rozgrzany olej, po jednej łyżce na raz. Obracaj pączki łyżką cedzakową i smaż na złoty kolor, około 2 do 3 minut. Placuszki odsączyć z oleju i ułożyć na talerzu wyłożonym papierowymi ręcznikami. Podawać na ciepło z kremowymi tzatziki lub tradycyjnym kremowym hummusem do maczania.

Wartości odżywcze (w 100g): 446 kalorii 2 g tłuszczu 19 g węglowodanów 5 g białka 812 mg sodu

Tarty ze szpinakiem i serem

Czas przygotowania: 20 minut
Czas gotowania: 40 minut
Porcje: 8
Poziom trudności: trudny

Składniki:

- 2 łyżki oliwy z oliwek z pierwszego tłoczenia
- 1 duża cebula, posiekana
- 2 ząbki czosnku, posiekane
- 3 torebki (1kg) szpinaku baby, umytego
- 1 szklanka sera feta
- 1 duże ubite jajko
- Arkusze ciasta francuskiego

Wskazówki:

Rozgrzej piekarnik do 375°F. Podgrzej oliwę, cebulę i czosnek przez 3 minuty. Dodawaj szpinak do patelni po jednym torebce na raz, pozwalając mu zwiędnąć pomiędzy kolejnymi torebkami. Wymieszaj za pomocą szczypiec. Gotuj przez 4 minuty. Gdy szpinak będzie już ugotowany, odlej z patelni nadmiar płynu.

W dużej misce połącz ser feta, jajko i ugotowany szpinak. Połóż ciasto francuskie płasko na powierzchni roboczej. Ciasto pokroić na 3-calowe kwadraty. Na środek kwadratu ciasta francuskiego nałóż łyżkę mieszanki szpinakowej. Złóż jeden róg kwadratu do rogu ukośnego, tworząc trójkąt. Posmaruj krawędzie ciasta, dociskając zębami widelca, aby je uszczelnić. Powtarzaj, aż wszystkie kwadraty zostaną wypełnione.

Ułóż placki na blasze do pieczenia wyłożonej papierem pergaminowym i piecz przez 25 do 30 minut lub do złotego koloru. Podawać na gorąco lub w temperaturze pokojowej.

Wartości odżywcze (w 100g): 503 kalorii 6 g tłuszczu 38 g węglowodanów 16 g białka 836 mg sodu

Kanapki z ogórkiem

Czas przygotowania: 5 minut

Czas gotowania: 0 minut

Porcje: 12

Poziom trudności: Łatwy

Składniki:

- 1 ogórek, pokrojony w plasterki
- 8 kromek chleba razowego
- 2 łyżki serka śmietankowego, miękkiego
- 1 łyżka szczypiorku, posiekanego
- ¼ szklanki awokado, obranego, wypestkowanego i rozgniecionego
- 1 łyżeczka musztardy
- Sól i czarny pieprz do smaku

Wskazówki:

Na każdą kromkę chleba rozsmaruj rozgniecione awokado, posmaruj resztą składników oprócz plasterków ogórka.

Na kromkach chleba rozłóż plasterki ogórka, każdą kromkę przekrój na trzy części, ułóż na talerzu i podawaj jako przystawkę.

Wartości odżywcze (w 100g): 187 kalorii 12,4 g tłuszczu 4,5 g węglowodanów 8,2 g białka 736 mg sodu

Dip jogurtowy

Czas przygotowania: 10 minut

Czas gotowania: 0 minut

Porcje: 6

Poziom trudności: Łatwy

Składniki:

- 2 szklanki jogurtu greckiego
- 2 łyżki pistacji, uprażonych i posiekanych
- Szczypta soli i białego pieprzu
- 2 łyżki posiekanej mięty
- 1 łyżka oliwek kalamata, wypestkowanych i posiekanych
- ¼ szklanki przyprawy zaatar
- ¼ szklanki nasion granatu
- 1/3 szklanki oliwy z oliwek

Wskazówki:

Jogurt wymieszaj z pistacjami i resztą składników, dobrze wymieszaj, rozłóż do małych miseczek i podawaj z chipsami pita na boku.

Wartości odżywcze (w 100g): 294 kalorie 18 g tłuszczu 2 g węglowodanów 10 g białka 593 mg sodu

Szaszłyki pomidorowe

Czas przygotowania: 10 minut

Czas gotowania: Dziesięć minut

Porcje: 6

Poziom trudności: Łatwy

Składniki:

- 1 bagietka, pokrojona w plasterki
- 1/3 szklanki posiekanej bazylii
- 6 pomidorów pokrojonych w kostkę
- 2 ząbki czosnku, posiekane
- Szczypta soli i czarnego pieprzu
- 1 łyżeczka oliwy z oliwek
- 1 łyżka octu balsamicznego
- ½ łyżeczki czosnku w proszku
- Spray do gotowania

Wskazówki:

Kromki bagietki ułożyć na blasze wyłożonej papierem do pieczenia, posmarować sprayem kuchennym. Piec 10 minut w temperaturze 400 stopni.

Pomidory połączyć z bazylią i resztą składników, dobrze wymieszać i odstawić na 10 minut. Na każdym kawałku bagietki rozsmaruj mieszaninę pomidorów, ułóż wszystko na talerzu i podawaj.

Wartości odżywcze (w 100g): 162 kalorie 4 g tłuszczu 29 g węglowodanów 4 g białka 736 mg sodu

Pomidory faszerowane oliwkami i serem

Czas przygotowania: 10 minut
Czas gotowania: 0 minut
Porcje: 24
Poziom trudności: Łatwy

Składniki:

- 24 pomidorki koktajlowe, przekrojone z góry i puste w środku
- 2 łyżki oliwy z oliwek
- łyżeczka płatków czerwonej papryki
- ½ szklanki sera feta, posiekanego
- 2 łyżki pasty z czarnych oliwek
- ¼ szklanki mięty, porwanej

Wskazówki:

W misce połącz pastę z oliwek z pozostałymi składnikami oprócz pomidorków koktajlowych i dobrze wymieszaj. Tą mieszanką nafaszeruj pomidorki koktajlowe, ułóż je wszystkie na talerzu i podawaj jako przystawkę.

Wartości odżywcze (w 100g): 136 kalorii 8,6 g tłuszczu 5,6 g węglowodanów 5,1 g białka 648 mg sodu

tapenada pieprzowa

Czas przygotowania: 10 minut
Czas gotowania: 0 minut
Porcje: 4
Poziom trudności: Łatwy

Składniki:

- 7 uncji pieczonej czerwonej papryki, posiekanej
- ½ szklanki startego parmezanu
- 1/3 szklanki posiekanej natki pietruszki
- 14 uncji karczochów konserwowych, odsączonych i posiekanych
- 3 łyżki oliwy z oliwek
- ¼ szklanki kaparów, odsączonych
- 1 i pół łyżeczki soku z cytryny
- 2 ząbki czosnku, posiekane

Wskazówki:

W blenderze połącz czerwoną paprykę z parmezanem i resztą składników i dobrze wymieszaj. Rozlać do pucharków i podawać jako przekąskę.

Wartości odżywcze (w 100g): 200 kalorii 5,6 g tłuszczu 12,4 g węglowodanów 4,6 g białka 736 mg sodu

Kolendra Falafel

Czas przygotowania: 10 minut

Czas gotowania: Dziesięć minut

Porcje: 8

Poziom trudności: Łatwy

Składniki:

- 1 szklanka ciecierzycy konserwowej
- 1 pęczek liści pietruszki
- 1 żółta cebula, posiekana
- 5 ząbków czosnku, posiekanych
- 1 łyżeczka kolendry, mielonej
- Szczypta soli i czarnego pieprzu
- ¼ łyżeczki pieprzu cayenne
- ¼ łyżeczki wodorowęglanu sodu
- ¼ łyżeczki mielonego kminku
- 1 łyżeczka soku z cytryny
- 3 łyżki mąki z tapioki
- Oliwa z oliwek do smażenia

Wskazówki:

W robocie kuchennym połącz fasolę z natką pietruszki, cebulą i resztą składników oprócz oleju i mąki i dobrze wymieszaj. Przełóż masę do miski, dodaj mąkę, dobrze wymieszaj, z tej mieszanki uformuj 16 kulek i lekko je spłaszcz.

Rozgrzewamy patelnię na średnim ogniu, wkładamy falafele, smażymy po 5 minut z obu stron, układamy na chłonnym papierze, odsączamy z nadmiaru tłuszczu, układamy na talerzu i podajemy jako przystawkę.

Wartości odżywcze (w 100g): 122 kalorie 6,2 g tłuszczu 12,3 g węglowodanów 3,1 g białka 699 mg sodu

Hummus z czerwoną papryką

Czas przygotowania: 10 minut

Czas gotowania: 0 minut

Porcje: 6

Poziom trudności: Łatwy

Składniki:

- 6 uncji pieczonej czerwonej papryki, obranej i posiekanej
- 16 uncji ciecierzycy z puszki, odsączonej i opłukanej
- ¼ szklanki jogurtu greckiego
- 3 łyżki pasty tahini
- Sok z 1 cytryny
- 3 ząbki czosnku, posiekane
- 1 łyżka oliwy z oliwek
- Szczypta soli i czarnego pieprzu
- 1 łyżka posiekanej natki pietruszki

Wskazówki:

W robocie kuchennym połącz czerwoną paprykę z resztą składników oprócz oleju i pietruszki i dobrze wymieszaj. Dodajemy oliwę, ponownie pulsujemy, dzielimy do miseczek, posypujemy natką pietruszki i podajemy jako smarowidło.

Wartości odżywcze (w 100g): 255 kalorii 11,4 g tłuszczu 17,4 g węglowodanów 6,5 g białka 593 mg sodu

Dip z białej fasoli

Czas przygotowania: 10 minut
Czas gotowania: 0 minut
Porcje: 4
Poziom trudności: Łatwy

Składniki:

- 15 uncji białej fasoli z puszki, odsączonej i opłukanej
- 6 uncji serc karczochów z puszki, odsączonych i poćwiartowanych
- 4 ząbki czosnku, posiekane
- 1 łyżka posiekanej bazylii
- 2 łyżki oliwy z oliwek
- Sok z ½ cytryny
- Skórka otarta z ½ cytryny
- Sól i czarny pieprz do smaku

Wskazówki:

W robocie kuchennym połącz fasolę z karczochem i pozostałymi składnikami oprócz oleju i dobrze wymieszaj. Stopniowo dodawaj olej, ponownie wymieszaj, rozlej do miseczek i podawaj jako imprezową kąpiel.

Wartości odżywcze (w 100g): 27 kalorii 11,7 g tłuszczu 18,5 g węglowodanów 16,5 g białka 668 mg sodu

Hummus z mielonej jagnięciny

Czas przygotowania: 10 minut

Czas gotowania: 15 minut

Porcje: 8

Poziom trudności: Łatwy

Składniki:

- 10 uncji hummusu
- 12 uncji mielonej jagnięciny
- ½ szklanki nasion granatu
- ¼ szklanki posiekanej natki pietruszki
- 1 łyżka oliwy z oliwek
- Chipsy Pita do podania

Wskazówki:

Rozgrzej patelnię na średnim ogniu, smaż mięso i smaż przez 15 minut, często mieszając. Rozłóż hummus na talerzu, posmaruj mieloną jagnięciną, posyp pestkami granatu i natką pietruszki i podawaj z chipsami pita jako przekąską.

Wartości odżywcze (w 100g): 133 kalorii 9,7 g tłuszczu 6,4 g węglowodanów 5,4 g białka 659 mg sodu

Dip z bakłażana

Czas przygotowania: 10 minut

Czas gotowania: 40 minut

Porcje: 4

Poziom trudności: Łatwy

Składniki:

- 1 bakłażan, nakłuty widelcem
- 2 łyżki pasty tahini
- 2 łyżki soku z cytryny
- 2 ząbki czosnku, posiekane
- 1 łyżka oliwy z oliwek
- Sól i czarny pieprz do smaku
- 1 łyżka posiekanej natki pietruszki

Wskazówki:

Umieść bakłażany na patelni, gotuj w temperaturze 400 stopni F przez 40 minut, ostudź, obierz i przenieś do robota kuchennego. Połącz pozostałe składniki oprócz natki pietruszki, dobrze wymieszaj, rozłóż do miseczek i podawaj jako przystawkę posypaną natką pietruszki.

Wartości odżywcze (w 100g): 121 kalorii 4,3 g tłuszczu 1,4 g węglowodanów 4,3 g białka 639 mg sodu

Placki warzywne

Czas przygotowania: 10 minut
Czas gotowania: Dziesięć minut
Porcje: 8
Poziom trudności: Łatwy

Składniki:

- 2 ząbki czosnku, posiekane
- 2 żółte cebule, posiekane
- 4 zielone cebule, posiekane
- 2 marchewki, starte
- 2 łyżeczki kminku, zmielonego
- ½ łyżeczki kurkumy w proszku
- Sól i czarny pieprz do smaku
- ¼ łyżeczki mielonej kolendry
- 2 łyżki posiekanej natki pietruszki
- ¼ łyżeczki soku z cytryny
- ½ szklanki mąki migdałowej
- 2 buraki, oczyszczone i starte
- 2 jajka, ubite
- ¼ szklanki mąki z tapioki
- 3 łyżki oliwy z oliwek

Wskazówki:

W misce wymieszaj czosnek z cebulą, zieloną cebulą i resztą składników oprócz oleju, dobrze wymieszaj i z tej mieszanki uformuj średnie placuszki.

Rozgrzej patelnię do średniego ognia, włóż na nią placki, smaż po 5 minut z każdej strony, przełóż na talerz i podawaj.

Wartości odżywcze (w 100g): 209 kalorii 11,2 g tłuszczu 4,4 g węglowodanów 4,8 g białka 726 mg sodu

Pulpety z jagnięciny bulgur

Czas przygotowania: 10 minut

Czas gotowania: 15 minut

Porcje: 6

Poziom trudności: Łatwy

Składniki:

- 1 i pół szklanki jogurtu greckiego
- ½ łyżeczki kminku, mielonego
- 1 szklanka startego ogórka
- ½ łyżeczki czosnku, posiekanego
- Szczypta soli i czarnego pieprzu
- 1 szklanka bulguru
- 2 szklanki wody
- 1 kilogram jagnięciny, mielonej
- ¼ szklanki posiekanej natki pietruszki
- ¼ szklanki szalotki, posiekanej
- ½ łyżeczki ziela angielskiego, mielonego
- ½ łyżeczki mielonego cynamonu
- 1 łyżka oliwy z oliwek

Wskazówki:

Bulgur wymieszać z wodą, przykryć miskę, odstawić na 10 minut, odcedzić i przełożyć do miski. Dodać mięso, jogurt i resztę składników oprócz oleju, dobrze wymieszać i z tej mieszanki uformować średnie klopsiki. Rozgrzej patelnię do średniego ognia, włóż na nią klopsiki, smaż po 7 minut z każdej strony, przełóż wszystko na talerz i podawaj jako przystawkę.

Wartości odżywcze (w 100g):300 kalorii 9,6 g tłuszczu 22,6 g węglowodanów 6,6 g białka 644 mg sodu

Ukąszenia Ogórka

Czas przygotowania: 10 minut

Czas gotowania: 0 minut

Porcje: 12

Poziom trudności: Łatwy

Składniki:

- 1 ogórek angielski, pokrojony na 32 krążki
- 10 uncji hummusu
- 16 pomidorków koktajlowych przekrojonych na pół
- 1 łyżka posiekanej natki pietruszki
- 1 uncja sera feta, pokruszona

Wskazówki:

Na każdym plasterku ogórka smarujemy hummusem, na każdym układamy połówki pomidorów, posypujemy serem i natką pietruszki i podajemy jako przystawkę.

Wartości odżywcze (w 100g): 162 kalorie 3,4 g tłuszczu 6,4 g węglowodanów 2,4 g białka 702 mg sodu

Nadziewane awokado

Czas przygotowania: 10 minut

Czas gotowania: 0 minut

Porcje: 2

Poziom trudności: Łatwy

Składniki:

- 1 awokado przekrojone na pół i pozbawione pestek
- 10 uncji tuńczyka z puszki, odsączonego
- 2 łyżki suszonych pomidorów, posiekanych
- 1 i pół łyżeczki pesto bazyliowego
- 2 łyżki czarnych oliwek, wypestkowanych i posiekanych
- Sól i czarny pieprz do smaku
- 2 łyżeczki orzeszków piniowych, podsmażonych i posiekanych
- 1 łyżka posiekanej bazylii

Wskazówki:

Tuńczyka wymieszać z suszonymi pomidorami i resztą składników oprócz awokado, wymieszać. Napełnij połówki awokado masą z tuńczyka i podawaj jako przystawkę.

Wartości odżywcze (w 100g): 233 kalorie 9 g tłuszczu 11,4 g węglowodanów 5,6 g białka 735 mg sodu

Pakowane śliwki

Czas przygotowania: 5 minut

Czas gotowania: 0 minut

Porcje: 8

Poziom trudności: Łatwy

Składniki:

- 2 uncje prosciutto, pokrojonego na 16 kawałków
- 4 śliwki pokrojone na ćwiartki
- 1 łyżka szczypiorku, posiekanego
- Szczypta płatków czerwonej papryki, zmiażdżonych

Wskazówki:

Każdy plasterek śliwki zawiń w plaster prosciutto, ułóż wszystko na talerzu, posyp szczypiorkiem i płatkami chili i podawaj.

Wartości odżywcze (w 100g): 30 kalorii 1 g tłuszczu 4 g węglowodanów 2 g białka 439 mg sodu

Feta i marynowane karczochy

Czas przygotowania: 10 minut plus 4 godziny bezczynności

Czas gotowania: Dziesięć minut

Porcje: 2

Poziom trudności: Łatwy

Składniki:

- 4 uncje tradycyjnej greckiej fety, pokrojonej w ½-calowe kostki
- 4 uncje odsączonych serc karczochów, pokrojonych wzdłuż na ćwiartki
- 1/3 szklanki oliwy z oliwek z pierwszego tłoczenia
- Skórka i sok z 1 cytryny
- 2 łyżki grubo posiekanego świeżego rozmarynu
- 2 łyżki grubo posiekanej świeżej natki pietruszki
- ½ łyżeczki czarnego pieprzu

Wskazówki:

W szklanej misce wymieszaj fetę i serca karczochów. Dodać oliwę z oliwek, skórkę i sok z cytryny, rozmaryn, pietruszkę i ziarna pieprzu i delikatnie wymieszać, uważając, aby nie pokruszyć fety.

Przechowywać w lodówce przez 4 godziny lub do 4 dni. Wyjąć z lodówki na 30 minut przed podaniem.

Wartości odżywcze (w 100g): 235 kalorii 23 g tłuszczu 1 g węglowodanów 4 g białka 714 mg sodu

Krakersy z tuńczyka

Czas przygotowania: 40 minut plus kilka godzin do ostudzenia przez całą noc

Czas gotowania: 25 minut

Porcje: 36

Poziom trudności: trudny

Składniki:

- 6 łyżek oliwy z oliwek z pierwszego tłoczenia plus 1 do 2 filiżanek
- 5 łyżek mąki migdałowej plus 1 szklanka, podzielone
- 1 ¼ szklanki ciężkiej śmietanki
- 1 4-uncjowa puszka tuńczyka żółtopłetwego w oliwie z oliwek
- 1 łyżka posiekanej czerwonej cebuli
- 2 łyżeczki posiekanych kaparów
- ½ łyżeczki suszonego koperku
- ¼ łyżeczki świeżo zmielonego czarnego pieprzu
- 2 duże jajka
- 1 szklanka bułki tartej Panko (lub wersja bezglutenowa)

Wskazówki:

Na dużej patelni rozgrzej 6 łyżek oliwy z oliwek na średnim ogniu. Dodaj 5 łyżek mąki migdałowej i gotuj, ciągle mieszając, aż powstanie gładka pasta, a mąka lekko się zarumieni, 2-3 minuty.

Wybierz temperaturę średnio-wysoką i stopniowo dodawaj ciężką śmietankę, ciągle mieszając, aż będzie gładka i całkowicie zgęstniała, jeszcze 4 do 5 minut. Wyjmij i dodaj tuńczyka, czerwoną cebulę, kapary, koperek i pieprz.

Przenieś mieszaninę do 8-calowej kwadratowej formy do pieczenia dobrze wysmarowanej oliwą z oliwek i odstaw w temperaturze pokojowej. Zawiń i schłódź przez 4 godziny lub przez noc. Aby uformować krokiety, ułóż trzy miski. W jednym ubij jajka. Do drugiego dodać pozostałą mąkę migdałową. W trzecim dodaj panko. Blachę do pieczenia wyłóż papierem pergaminowym.

Do mąki wlać około łyżki schłodzonego ciasta i rozwałkować. Strząśnij nadmiar i za pomocą rąk zwiń w owal.

Zanurz krokiet w roztrzepanym jajku, następnie lekko posmaruj panko. Ułożyć na wyłożonej papierem blasze i powtórzyć czynność z pozostałym ciastem.

W małym rondlu podgrzej pozostałe 1 do 2 szklanek oliwy z oliwek na średnim ogniu.

Gdy olej się rozgrzeje, smaż krokiety po 3 lub 4 na raz, w zależności od wielkości patelni, wyjmując je łyżką cedzakową, gdy ładnie się zarumienią. Od czasu do czasu należy dostosować temperaturę oleju, aby zapobiec jego spaleniu. Jeżeli krokiety bardzo szybko się rumienią, należy obniżyć temperaturę.

Wartości odżywcze (w 100g): 245 kalorii 22 g tłuszczu 1 g węglowodanów 6 g białka 801 mg sodu

Surowe warzywa z wędzonym łososiem

Czas przygotowania: 10 minut

Czas gotowania: 15 minut

Porcje: 4

Poziom trudności: Łatwy

Składniki:

- 6 uncji dzikiego wędzonego łososia
- 2 łyżki aioli ze smażonym czosnkiem
- 1 łyżka musztardy Dijon
- 1 łyżka posiekanej zielonej cebuli, tylko zielone części
- 2 łyżeczki posiekanych kaparów
- ½ łyżeczki suszonego koperku
- 4 końcówki cykorii lub serca rzymskie
- ½ ogórka angielskiego, pokrojonego w krążki o grubości ¼ cala

Wskazówki:

Drobno posiekaj wędzonego łososia i przełóż do małej miski. Dodać aioli, Dijon, zieloną cebulę, kapary i koperek i dobrze wymieszać. Udekoruj końce endywii i plasterki ogórka łyżką mieszanki wędzonego łososia i ciesz się schłodzonym.

Wartości odżywcze (w 100g): 92 kalorie 5 g tłuszczu 1 g węglowodanów 9 g białka 714 mg sodu

Oliwki marynowane w cytrusach

Czas przygotowania: 4 godziny

Czas gotowania: 0 minut
Porcje: 2
Poziom trudności: Łatwy

Składniki:

- 2 szklanki zielonych oliwek wymieszanych z pestkami
- ¼ szklanki czerwonego octu winnego
- ¼ szklanki oliwy z oliwek z pierwszego tłoczenia
- 4 ząbki czosnku, drobno posiekane
- Skórka i sok z dużej pomarańczy
- 1 łyżeczka płatków czerwonej papryki
- 2 liście laurowe
- ½ łyżeczki mielonego kminku
- ½ łyżeczki zmielonego ziela angielskiego

Wskazówki:

Wymieszaj oliwki, ocet, oliwę, czosnek, skórkę i sok pomarańczowy, płatki czerwonej papryki, liście laurowe, kminek i ziele angielskie i dobrze wymieszaj. Zamknąć i przechowywać w lodówce na 4 godziny lub do tygodnia, aby oliwki mogły się zamarynować. Przed podaniem ponownie wymieszać.

Wartości odżywcze (w 100g): 133 kalorie 14 g tłuszczu 2 g węglowodanów 1 g białka 714 mg sodu

Tapenada oliwna z anchois

Czas przygotowania: 1 godzina i 10 minut

Czas gotowania: 0 minut

Porcje: 2

Poziom trudności: średni

Składniki:

- 2 szklanki oliwek Kalamata lub innych czarnych oliwek bez pestek
- 2 filety z anchois, posiekane
- 2 łyżeczki posiekanych kaparów
- 1 ząbek czosnku, drobno posiekany
- 1 ugotowane żółtko
- 1 łyżeczka musztardy Dijon
- ¼ szklanki oliwy z oliwek z pierwszego tłoczenia
- Krakersy z nasionami, uniwersalna kanapka lub warzywa, do podania (opcjonalnie)

Wskazówki:

Oliwki opłucz w zimnej wodzie i dobrze odsącz. W robocie kuchennym, blenderze lub dużym słoju (jeśli używasz blendera zanurzeniowego) umieść odsączone oliwki, anchois, kapary, czosnek, żółtko i Dijon. Przetwarzaj, aż utworzy się gęsta pasta. Biegnąc, stopniowo wlewaj oliwę z oliwek.

Przełożyć do małej miski, przykryć i wstawić do lodówki na co najmniej 1 godzinę, aby smaki się przegryzły. Podawać z krakersami z nasionami, na wszechstronnej okrągłej kanapce lub z ulubionymi chrupiącymi warzywami.

Wartości odżywcze (w 100g): 179 kalorii 19 g tłuszczu 2 g węglowodanów 2 g białka 82 mg sodu

Ciasteczka Manchego

Czas przygotowania: 1h15
Czas gotowania: 15 minut
Porcje: 20
Poziom trudności: trudny

Składniki:

- 4 łyżki masła o temperaturze pokojowej
- 1 szklanka drobno startego sera Manchego
- 1 szklanka mąki migdałowej
- 1 łyżeczka soli, podzielona
- ¼ łyżeczki świeżo zmielonego czarnego pieprzu
- 1 duże jajko

Wskazówki:

Używając miksera elektrycznego, utrzyj masło i starty ser, aż dobrze się połączą i będą gładkie. Wymieszaj mąkę migdałową z ½ łyżeczki soli i pieprzu. Stopniowo dodawaj mieszankę mąki migdałowej do sera, ciągle mieszając, aż ciasto połączy się w kulę.

Umieść kawałek pergaminu lub plastikowej folii i zwiń go w wałek o grubości około 1 ½ cala. Zamknąć, a następnie zamrozić na co najmniej 1 godzinę. Rozgrzej piekarnik do 350°F. Wyłóż 2 blachy do pieczenia papierem do pieczenia lub silikonowymi matami do pieczenia.

Aby przygotować masę jajeczną, wymieszaj jajko i pozostałą 1/2 łyżeczki soli. Pokrój schłodzone ciasto na małe krążki o grubości około ¼ cala i ułóż na wyłożonej blachą do pieczenia.

Wierzch ciastek posmaruj jajkiem i piecz, aż ciasteczka będą złociste i chrupiące. Umieścić na grillu do ostygnięcia.

Podaje się na gorąco lub po całkowitym wystudzeniu przechowuje się w szczelnym pojemniku w lodówce do 1 tygodnia.

Wartości odżywcze (w 100g): 243 kalorie 23 g tłuszczu 1 g węglowodanów 8 g białka 804 mg sodu

Filet Caprese Burrata

Czas przygotowania: 5 minut
Czas gotowania: 0 minut
Porcje: 4
Poziom trudności: Łatwy

Składniki:

- 1 duży organiczny pomidor, najlepiej tradycyjny
- ½ łyżeczki soli
- ¼ łyżeczki świeżo zmielonego czarnego pieprzu
- 1 kulka (4 uncje) sera burrata
- 8 świeżych liści bazylii, pokrojonych w cienkie plasterki
- 2 łyżki oliwy z oliwek z pierwszego tłoczenia
- 1 łyżka czerwonego wina lub octu balsamicznego

Wskazówki:

Pomidora pokroić na 4 grube plasterki, usunąć twarde nasiona, posypać solą i pieprzem. Pomidory ułożyć na talerzu, przyprawioną stroną do góry. Na osobnym talerzu pokrój burratę na 4 grube plastry i połóż po jednym na każdym plasterku pomidora. Udekoruj każdą ćwiartką bazylii i posmaruj kremem burrata z talerza z brzegiem.

Skropić oliwą i octem, podawać z widelcem i nożem.

Wartości odżywcze (w 100g):153 kalorie 13 g tłuszczu 1 g węglowodanów 7 g białka 633 mg sodu

Aioli cytrynowo-czosnkowe z cukinią i ricottą

Czas przygotowania: 10 minut plus 20 minut odpoczynku
Czas gotowania: 25 minut
Porcje: 4
Poziom trudności: trudny

Składniki:

- 1 duża lub 2 małe/średnie cukinie
- 1 łyżeczka soli, podzielona
- ½ szklanki ricotty z pełnego mleka
- 2 szalotki
- 1 duże jajko
- 2 ząbki czosnku, drobno posiekane
- 2 łyżki posiekanej świeżej mięty (opcjonalnie)
- 2 łyżeczki startej skórki z cytryny
- ¼ łyżeczki świeżo zmielonego czarnego pieprzu
- ½ szklanki mąki migdałowej
- 1 łyżeczka proszku do pieczenia
- 8 łyżek oliwy z oliwek z pierwszego tłoczenia
- 8 łyżek aioli z pieczonym czosnkiem lub majonezu z olejem z awokado

Wskazówki:

Połóż startą cukinię na durszlaku lub na kilku warstwach ręczników papierowych. Posyp ½ łyżeczki soli i odstaw na 10 minut. Używając kolejnej warstwy ręczników papierowych, odciśnij dynię, aby usunąć nadmiar wilgoci i osusz. Wymieszaj odsączoną cukinię, ricottę, zieloną cebulę, jajko, czosnek, miętę (jeśli używasz), skórkę z cytryny, pozostałą ½ łyżeczki soli i pieprz.

Wymieszaj mąkę migdałową i proszek do pieczenia. Wymieszaj mąkę z mieszanką cukinii i odstaw na 10 minut. Na dużej patelni podsmaż pączki w czterech partiach. Na każdą porcję składającą się z czterech sztuk podgrzej 2 łyżki oliwy z oliwek na średnim ogniu. Dodaj 1 czubatą łyżkę pasty do dyni na każdy narybek, ugniatając grzbietem łyżki, aby uformować placki o średnicy od 2 do 3 cali. Przykryj i smaż przez 2 minuty przed obróceniem. Smaż przez kolejne 2 do 3 minut pod przykryciem lub do momentu, aż będą chrupiące, złociste i ugotowane. Być może trzeba będzie zmniejszyć ogień do średniego, aby uniknąć przypalenia. Zdjąć z patelni i trzymać w cieple.

Powtórz tę czynność dla pozostałych trzech partii, używając 2 łyżek oliwy z oliwek na każdą porcję. Podawaj ciepłe pączki z aioli.

Wartości odżywcze (w 100g): 448 kalorii 42 g tłuszczu 2 g węglowodanów 8 g białka 744 mg sodu

Ogórki faszerowane łososiem

Czas przygotowania: 10 minut

Czas gotowania: 0 minut

Porcje: 4

Poziom trudności: Łatwy

Składniki:

- 2 duże ogórki, obrane
- 14-uncjowa puszka łososia sockeye
- 1 średnie awokado, bardzo dojrzałe
- 1 łyżka oliwy z oliwek z pierwszego tłoczenia
- Skórka i sok z 1 limonki
- 3 łyżki świeżej posiekanej kolendry
- ½ łyżeczki soli
- ¼ łyżeczki świeżo zmielonego czarnego pieprzu

Wskazówki:

Ogórka pokroić na segmenty o grubości 1 cala i za pomocą łyżki zeskrobać nasiona ze środka każdego segmentu i położyć na talerzu. W średniej misce połącz łososia, awokado, oliwę z oliwek, skórkę i sok z cytryny, kolendrę, sól i pieprz i mieszaj, aż uzyskasz kremową konsystencję.

Nałóż mieszaninę łososia na środek każdego segmentu ogórka i podawaj schłodzoną.

Wartości odżywcze (w 100g): 159 kalorii 11 g tłuszczu 3 g węglowodanów 9 g białka 739 mg sodu

Pasztet z sera koziego – makreli

Czas przygotowania: 10 minut

Czas gotowania: 0 minut

Porcje: 4

Poziom trudności: Łatwy

Składniki:

- 4 uncje dzikiej makreli zapakowanej w oliwę z oliwek
- 2 uncje koziego sera
- Skórka i sok z 1 cytryny
- 2 łyżki posiekanej świeżej natki pietruszki
- 2 łyżki posiekanej świeżej rukoli
- 1 łyżka oliwy z oliwek z pierwszego tłoczenia
- 2 łyżeczki posiekanych kaparów
- 1 do 2 łyżeczek świeżego chrzanu (opcjonalnie)
- Krakersy, plasterki ogórka, endywia lub końcówki selera do podania (opcjonalnie)

Wskazówki:

W robocie kuchennym, blenderze lub dużej misce z blenderem zanurzeniowym połącz makrelę, kozi ser, skórkę i sok z cytryny, pietruszkę, rukolę, oliwę z oliwek, kapary i chrzan (jeśli używasz). Przetwarzaj lub mieszaj, aż masa będzie gładka i kremowa.

Podawać z krakersami, plasterkami ogórka, kiełkami cykorii lub selerem. Zamknąć pod przykryciem w lodówce do 1 tygodnia.

Wartości odżywcze (w 100g): 118 kalorii 8 g tłuszczu 6 g węglowodanów 9 g białka 639 mg sodu

Smak wspaniałych śródziemnomorskich bomb

Czas przygotowania: 4 godziny i 15 minut
Czas gotowania: 0 minut
Porcje: 6
Poziom trudności: średni

Składniki:

- 1 szklanka startego sera koziego
- 4 łyżki pesto na słoik
- 12 oliwek Kalamata bez pestek, drobno posiekanych
- ½ szklanki drobno posiekanych orzechów włoskich
- 1 łyżka świeżo posiekanego rozmarynu

Wskazówki:

W średniej misce połącz kozi ser, pesto i oliwki i dobrze wymieszaj widelcem. Zamrozić na 4 godziny, aby ustawić.

Używając rąk, uformuj mieszaninę w 6 kulek o średnicy około ¾ cala. Mieszanka będzie lepka.

W małej misce umieść orzechy włoskie i rozmaryn, a następnie obtocz kulki koziego sera w mieszance orzechów, tak aby je pokryły. Duże bomby przechowuj w lodówce do 1 tygodnia lub w zamrażarce do 1 miesiąca.

Wartości odżywcze (w 100g): 166 kalorii 15 g tłuszczu 1 g węglowodanów 5 g białka 736 mg sodu

Gazpacho z awokado

Czas przygotowania: 15 minut

Czas gotowania: Dziesięć minut

Porcje: 4

Poziom trudności: Łatwy

Składniki:

- 2 szklanki posiekanych pomidorów
- 2 duże dojrzałe awokado, przekrojone na pół i pozbawione pestek
- 1 duży ogórek, obrany i wypestkowany
- 1 średnia papryka (czerwona, pomarańczowa lub żółta), posiekana
- 1 szklanka jogurtu greckiego z pełnego mleka
- ¼ szklanki oliwy z oliwek z pierwszego tłoczenia
- ¼ szklanki posiekanej świeżej kolendry
- ¼ szklanki posiekanej zielonej cebuli, tylko zielona część
- 2 łyżki czerwonego octu winnego
- Sok z 2 limonek lub 1 cytryny
- ½ do 1 łyżeczki soli
- ¼ łyżeczki świeżo zmielonego czarnego pieprzu

Wskazówki:

Używając blendera zanurzeniowego, połącz pomidory, awokado, ogórek, paprykę, jogurt, oliwę z oliwek, kolendrę, zieloną cebulę, ocet i sok z cytryny. Mieszaj, aż będzie gładkie.

Doprawiamy i mieszamy do połączenia smaków. Podaje się je na zimno.

Wartości odżywcze (w 100g): 392 kalorie 32 g tłuszczu 9 g węglowodanów 6 g białka 694 mg sodu

Kubki z sałatą krabową

Czas przygotowania: 35 minut

Czas gotowania: 20 minut

Porcje: 4

Poziom trudności: średni

Składniki:

- 1 kilogram kraba olbrzymiego
- 1 duże jajko
- 6 łyżek aioli ze smażonym czosnkiem
- 2 łyżki musztardy Dijon
- ½ szklanki mąki migdałowej
- ¼ szklanki posiekanej czerwonej cebuli
- 2 łyżeczki wędzonej papryki
- 1 łyżeczka soli selerowej
- 1 łyżeczka sproszkowanego czosnku
- 1 łyżeczka suszonego koperku (opcjonalnie)
- ½ łyżeczki świeżo zmielonego czarnego pieprzu
- ¼ szklanki oliwy z oliwek z pierwszego tłoczenia
- 4 duże liście sałaty Bibb, usuń gruby kolec

Wskazówki:

Umieść mięso kraba w dużej misce i usuń widoczne skorupy, a następnie rozdziel mięso widelcem. W małej misce wymieszaj jajko, 2 łyżki aioli i musztardę Dijon. Dodać do mięsa kraba i wymieszać widelcem. Dodać mąkę migdałową, czerwoną cebulę, paprykę, sól selerową, czosnek w proszku, koperek (jeśli używasz) i pieprz i dobrze wymieszać. Pozostawić w temperaturze pokojowej na 10 do 15 minut.

Uformuj 8 małych ciastek o średnicy około 2 cali. Podgrzej oliwę z oliwek na średnim ogniu. Smażyć placki na złoty kolor, 2 do 3 minut z każdej strony. Zawiń, zmniejsz ogień do niskiego poziomu i gotuj kolejne 6 do 8 minut lub do momentu, aż środek się zetnie. Zdjąć z patelni.

Przed podaniem zawiń 2 małe ciastka krabowe w każdy liść sałaty i udekoruj 1 łyżką aioli.

Wartości odżywcze (w 100g): 344 kalorie 24 g tłuszczu 2 g węglowodanów 24 g białka 804 mg sodu

Estragonowa sałatka z kurczakiem i pomarańczą

Czas przygotowania: 15 minut
Czas gotowania: 0 minut
Porcje: 4
Poziom trudności: Łatwy

Składniki:

- ½ szklanki jogurtu greckiego z pełnego mleka
- 2 łyżki musztardy Dijon
- 2 łyżki oliwy z oliwek z pierwszego tłoczenia
- 2 łyżki świeżego estragonu
- ½ łyżeczki soli
- ¼ łyżeczki świeżo zmielonego czarnego pieprzu
- 2 szklanki rozdrobnionego gotowanego kurczaka
- ½ szklanki płatków migdałowych
- 4 do 8 dużych liści sałaty Bibb, usunięto twardą łodygę
- 2 małe dojrzałe awokado, obrane i pokrojone w cienkie plasterki
- Skórka otarta z 1 klementynki lub ½ małej pomarańczy (około 1 łyżki)

Wskazówki:

W średniej misce wymieszaj jogurt, musztardę, oliwę z oliwek, estragon, skórkę pomarańczową, sól i pieprz i mieszaj, aż uzyskasz kremową konsystencję. Dodać posiekanego kurczaka i migdały, wymieszać.

Aby złożyć wrapy, umieść około ½ szklanki mieszanki sałat z kurczakiem na środku każdego liścia sałaty i połóż na wierzchu pokrojone w plasterki awokado.

Wartości odżywcze (w 100g): 440 kalorii 32 g tłuszczu 8 g węglowodanów 26 g białka 607 mg sodu

Pieczarki faszerowane fetą i komosą ryżową

Czas przygotowania: 5 minut
Czas gotowania: 8 minut
Porcje: 6
Poziom trudności: średni

Składniki:

- 2 łyżki drobno posiekanej czerwonej papryki
- 1 ząbek czosnku, posiekany
- ¼ szklanki gotowanej komosy ryżowej
- 1/8 łyżeczki soli
- ¼ łyżeczki suszonego oregano
- 24 pieczarki, obrane
- 2 uncje pokruszonej fety
- 3 łyżki bułki tartej pełnoziarnistej
- Spray do smażenia na oliwie z oliwek

Wskazówki:

Rozgrzej frytkownicę powietrzną do 360°F. W małej misce wymieszaj pieprz, czosnek, komosę ryżową, sól i oregano. Wlać nadzienie z komosy ryżowej do kapeluszy grzybów, aż do ich wypełnienia. Na wierzch każdego grzyba nałóż mały kawałek fety. Każdy grzyb posyp fetą szczyptą bułki tartej.

Posmaruj kosz frytkownicy sprayem do smażenia na oliwie z oliwek, a następnie ostrożnie umieść grzyby w koszu, upewniając się, że się nie stykają.

Umieść kosz w frytkownicy i gotuj przez 8 minut. Wyjmij z frytkownicy i podawaj.

Wartości odżywcze (w 100g): 97 kalorii 4 g tłuszczu 11 g węglowodanów 7 g białka 677 mg sodu

Pięcioskładnikowy falafel z sosem jogurtowo-czosnkowym

Czas przygotowania: 5 minut

Czas gotowania: 15 minut

Porcje: 4

Poziom trudności: trudny

Składniki:

- <u>Na falafel</u>
- 1 puszka (15 uncji) ciecierzycy, odsączona i opłukana
- ½ szklanki świeżej pietruszki
- 2 ząbki czosnku, posiekane
- ½ łyżki mielonego kminku
- 1 łyżka mąki pełnoziarnistej
- Sól
- <u>Do sosu czosnkowo-jogurtowego</u>
- 1 szklanka zwykłego, odtłuszczonego jogurtu greckiego
- 1 ząbek czosnku, posiekany
- 1 łyżka świeżo posiekanego koperku
- 2 łyżki soku z cytryny

Wskazówki:

Do zrobienia falafela

Rozgrzej frytkownicę powietrzną do 360°F. Umieść ciecierzycę w robocie kuchennym. Pulsuj, aż większość zostanie posiekana, następnie dodaj pietruszkę, czosnek i kminek i pulsuj przez kolejne kilka minut, aż składniki zamienią się w pastę.

Dodaj mąkę. Pulsuj jeszcze kilka razy, aż składniki się połączą. Ciasto będzie miało pewną konsystencję, ale ciecierzycę należy pokroić na małe kawałki. Czystymi rękami uformuj z ciasta 8 kulek jednakowej wielkości, a następnie lekko je rozklep, tak aby miały grubość około ½ krążka.

Posmaruj koszyk frytkownicy sprayem do smażenia oliwy z oliwek, a następnie ułóż kotleciki falafelowe w koszu w jednej warstwie, upewniając się, że się nie stykają. Smażyć we frytownicy przez 15 minut.

Do przygotowania sosu czosnkowo-jogurtowego

Wymieszaj jogurt, czosnek, koper i sok z cytryny. Gdy falafele będą już ugotowane i ładnie zarumienione ze wszystkich stron, zdejmij je z frytkownicy i dopraw solą. Podawać na gorąco z dipem.

Wartości odżywcze (w 100g): 151 kalorii 2 g tłuszczu 10 g węglowodanów 12 g białka 698 mg sodu

Krewetki cytrynowe z oliwą czosnkową

Czas przygotowania: 5 minut
Czas gotowania: 6 minut
Porcje: 4
Poziom trudności: średni

Składniki:

- 1 kg średnich krewetek, oczyszczonych i oczyszczonych
- ¼ szklanki plus 2 łyżki oliwy z oliwek, podzielone
- Sok z ½ cytryny
- 3 ząbki czosnku, posiekane i podzielone
- ½ łyżeczki soli
- łyżeczka płatków czerwonej papryki
- ćwiartki cytryny do podania (opcjonalnie)
- Sos Marinara do maczania (opcjonalnie)

Wskazówki:

Rozgrzej frytownicę powietrzną do 380°F. Krewetki wymieszać z 2 łyżkami oliwy z oliwek, sokiem z cytryny, 1/3 przeciśniętego przez praskę czosnku, solą i płatkami czerwonej papryki, dobrze ubrać.

W małym kokilaku wymieszaj pozostałą ¼ szklanki oliwy z oliwek i pozostały posiekany czosnek. Oderwij arkusz folii aluminiowej o wymiarach 12 na 12 cali. Połóż krewetki na środku folii, złóż boki i połącz krawędzie, tworząc na wierzchu otwartą foliową miskę. Umieść tę paczkę w koszyku frytkownicy.

Smaż krewetki przez 4 minuty, następnie otwórz frytownicę i umieść ramekin z oliwą i czosnkiem w koszyku obok paczki z krewetkami. Gotuj przez kolejne 2 minuty. Przełóż krewetki na talerz lub ramekin z oliwą czosnkową po stronie, w której się nasiąkają. Jeśli lubisz, możesz podać także z cząstkami cytryny i sosem marinara.

Wartości odżywcze (w 100g): 264 kalorie 21 g tłuszczu 10 g węglowodanów 16 g białka 473 mg sodu

Chrupiące frytki z fasolki szparagowej z sosem cytrynowo-jogurtowym

Czas przygotowania: 5 minut
Czas gotowania: 5 minut
Porcje: 4
Poziom trudności: średni

Składniki:

- <u>Do zielonej fasolki</u>
- 1 jajko
- 2 łyżki wody
- 1 łyżka mąki pełnoziarnistej
- łyżeczka papryki
- ½ łyżeczki czosnku w proszku
- ½ łyżeczki soli
- ¼ szklanki bułki tartej pełnoziarnistej
- ½ kilograma całej fasolki szparagowej
- <u>Do sosu cytrynowo-jogurtowego</u>
- ½ szklanki zwykłego, odtłuszczonego jogurtu greckiego
- 1 łyżka soku z cytryny
- ¼ łyżeczki soli
- 1/8 łyżeczki pieprzu cayenne

Kierunek:

Do zrobienia fasolki szparagowej

Rozgrzej frytownicę powietrzną do 380°F.

W płytkiej misce wymieszaj jajko z wodą, aż powstanie piana. W osobnej średniej misce wymieszaj mąkę, paprykę, czosnek w proszku i sól, a następnie wymieszaj z bułką tartą.

Posmaruj spód frytownicy sprayem do gotowania. Zanurz każdą fasolkę szparagową w mieszance jajecznej, a następnie w mieszance bułki tartej, posypując ją z zewnątrz bułką tartą. Umieść fasolkę szparagową w jednej warstwie na dnie koszyka frytkownicy.

Smażyć w frytkownicy przez 5 minut lub do momentu, aż chleb stanie się złotobrązowy.

Do przygotowania sosu cytrynowo-jogurtowego

Wymieszaj jogurt, sok z cytryny, sól i pieprz cayenne. Podawaj frytki z fasolki szparagowej z cytrynowym dressingiem jogurtowym jako przekąskę lub przystawkę.

Wartości odżywcze (w 100g): 88 kalorii 2 g tłuszczu 10 g węglowodanów 7 g białka 697 mg sodu

Chipsy Pita z domową solą morską

Czas przygotowania: 2 minuty
Czas gotowania: 8 minut
Porcje: 2
Poziom trudności: Łatwy

Składniki:

- 2 pełnoziarniste pita
- 1 łyżka oliwy z oliwek
- ½ łyżeczki soli koszernej

kierunki

Rozgrzej frytkownicę powietrzną do 360°F. Każdą pitę pokroić na 8 plasterków. W średniej misce wymieszaj plastry pita, oliwę z oliwek i sól, aż plasterki zostaną pokryte, a oliwa z oliwek i sól zostaną równomiernie rozłożone.

Ułóż plastry pita równą warstwą w koszu frytownicy i smaż przez 6 do 8 minut.

W razie potrzeby dopraw dodatkową solą. Podawać samo lub z ulubionym dipem.

Wartości odżywcze (w 100g): 230 kalorii 8 g tłuszczu 11 g węglowodanów 6 g białka 810 mg sodu

Pieczony dip Spanakopita

Czas przygotowania: 10 minut

Czas gotowania: 15 minut

Porcje: 2

Poziom trudności: średni

Składniki:

- Spray do smażenia na oliwie z oliwek
- 3 łyżki oliwy z oliwek, podzielone
- 2 łyżki posiekanej białej cebuli
- 2 ząbki czosnku, posiekane
- 4 szklanki świeżego szpinaku
- 4 uncje serka śmietankowego, zmiękczonego
- 4 uncje sera feta, podzielone
- Skórka z 1 cytryny
- ¼ łyżeczki mielonej gałki muszkatołowej
- 1 łyżeczka suszonego koperku
- ½ łyżeczki soli
- Chipsy Pita, paluszki marchewkowe lub kromki chleba do podania (opcjonalnie)

Wskazówki:

Rozgrzej frytkownicę powietrzną do 360°F. Pokryj wnętrze foremki do pieczenia lub 6-calowego naczynia do pieczenia sprayem do gotowania oliwy z oliwek.

Na dużej patelni na średnim ogniu rozgrzej 1 łyżkę oliwy z oliwek. Dodaj cebulę, następnie smaż przez 1 minutę. Dodaj czosnek i smaż, mieszając, przez kolejną minutę.

Zmniejsz ogień i wymieszaj szpinak z wodą. Gotuj, aż szpinak zwiędnie. Zdejmij patelnię z ognia. W średniej misce wymieszaj serek śmietankowy, 2 uncje fety i pozostałą oliwę z oliwek, skórkę z cytryny, gałkę muszkatołową, koper i sól. Mieszaj aż do połączenia.

Dodaj warzywa do bazy serowej i mieszaj, aż masa będzie gładka. Wlać mieszaninę dipów do przygotowanego ramekina i posypać pozostałymi 2 uncjami sera feta.

Umieść dip w koszyku frytownicy i gotuj przez 10 minut lub do momentu, aż będzie gorący i zacznie bulgotać. Podawać z chipsami pita, paluszkami marchewkowymi lub kromkami chleba.

Wartości odżywcze (w 100g): 550 kalorii 52 g tłuszczu 21 g węglowodanów 14 g białka 723 mg sodu

Smażony dip cebulowy

Czas przygotowania: 5 minut

Czas gotowania: 12 minut plus 1 godzina do ostygnięcia

Porcje: 4

Poziom trudności: średni

Składniki:

- 2 szklanki obranej cebuli perłowej
- 3 ząbki czosnku
- 3 łyżki oliwy z oliwek, podzielone
- ½ łyżeczki soli
- 1 szklanka zwykłego, odtłuszczonego jogurtu greckiego
- 1 łyżka soku z cytryny
- ¼ łyżeczki czarnego pieprzu
- 1/8 łyżeczki płatków czerwonej papryki
- Chipsy Pita, warzywa lub tosty do podania (opcjonalnie)

Wskazówki:

Rozgrzej frytkownicę powietrzną do 360°F. W dużej misce wymieszaj cebulę i czosnek z 2 łyżkami oliwy z oliwek, aż cebula będzie dobrze pokryta.

Wlać mieszaninę czosnku i cebuli do koszyka frytkownicy i smażyć przez 12 minut. Umieść czosnek i cebulę w robocie kuchennym. Mieszaj warzywa kilka razy, aż cebula zostanie pokrojona w cienkie plasterki, ale nadal będzie miała kawałki.

Dodać czosnek i cebulę, pozostałą łyżkę oliwy z oliwek, sól, jogurt, sok z cytryny, czarny pieprz i płatki czerwonej papryki. Przechowywać w lodówce przez 1 godzinę przed podaniem z chipsami pita, warzywami lub tostami.

Wartości odżywcze (w 100g): 150 kalorii 10 g tłuszczu 6 g węglowodanów 7 g białka 693 mg sodu

Tapenada z czerwonej papryki

Czas przygotowania: 5 minut

Czas gotowania: 5 minut

Porcje: 4

Poziom trudności: średni

Składniki:

- 1 duża czerwona papryka
- 2 łyżki + 1 łyżeczka oliwy z oliwek
- ½ szklanki oliwek Kalamata, wypestkowanych i grubo posiekanych
- 1 ząbek czosnku, posiekany
- ½ łyżeczki suszonego oregano
- 1 łyżka soku z cytryny

Wskazówki:

Rozgrzej frytownicę powietrzną do 380°F. Posmaruj zewnętrzną część całej czerwonej papryki 1 łyżeczką oliwy z oliwek i włóż do koszyka frytkownicy. Smaż przez 5 minut. W międzyczasie w średniej misce wymieszaj pozostałe 2 łyżki oliwy z oliwek, oliwki, czosnek, oregano i sok z cytryny.

Wyjmij czerwoną paprykę z frytownicy, następnie ostrożnie odetnij łodygę i usuń nasiona. Grubo posiekaj grillowaną paprykę na małe kawałki.

Dodaj czerwoną paprykę do mieszanki oliwek i mieszaj, aż się połączą. Podawać z chipsami pita, krakersami lub chrupiącym pieczywem.

Wartości odżywcze (w 100g): 104 kalorie 10 g tłuszczu 9 g węglowodanów 1 g białka 644 mg sodu

Greckie skórki ziemniaków z oliwkami i fetą

Czas przygotowania: 5 minut
Czas gotowania: 45 minut
Porcje: 4
Poziom trudności: trudny

Składniki:

- 2 rumuńskie ziemniaki
- 3 łyżki oliwy z oliwek
- 1 łyżeczka soli koszernej, podzielona
- ¼ łyżeczki czarnego pieprzu
- 2 łyżki świeżej kolendry
- ¼ szklanki oliwek Kalamata, pokrojonych w kostkę
- ¼ szklanki pokruszonej fety
- Świeżo posiekana natka pietruszki do dekoracji (opcjonalnie)

Wskazówki:

Rozgrzej frytownicę powietrzną do 380°F. Widelcem wykonaj 2-3 dziurki w ziemniakach, a następnie posmaruj je około ½ łyżki oliwy z oliwek i ½ łyżeczki soli.

Ziemniaki włóż do kosza frytownicy i piecz przez 30 minut. Wyjmij ziemniaki z frytownicy i przekrój je na pół. Łyżką wyskrob miąższ z ziemniaków, pozostawiając ½-calową warstwę ziemniaków wewnątrz skórek i odłóż je na bok.

W średniej misce wymieszaj wydrążone serca ziemniaków z pozostałymi 2 łyżkami oliwy z oliwek, ½ łyżeczki soli, czarnym pieprzem i kolendrą. Mieszaj, aż dobrze się połączą. Rozłóż nadzienie ziemniaczane do pustych już skórek ziemniaków, równomiernie je rozprowadzając. Na każdym ziemniaku połóż łyżkę oliwek i fety.

Włóż ponownie załadowane skórki ziemniaków do frytownicy i gotuj przez 15 minut. Podaje się go z posiekaną kolendrą lub natką pietruszki i opcjonalnie skropioną oliwą z oliwek.

Wartości odżywcze (w 100g): 270 kalorii 13 g tłuszczu 34 g węglowodanów 5 g białka 672 mg sodu

Pita z karczochami i oliwkami

Czas przygotowania: 5 minut

Czas gotowania: Dziesięć minut

Porcje: 4

Poziom trudności: Łatwy

Składniki:

- 2 pełnoziarniste pita
- 2 łyżki oliwy z oliwek, podzielone
- 2 ząbki czosnku, posiekane
- ¼ łyżeczki soli
- ½ szklanki serc karczochów z puszki, pokrojonych w plasterki
- ¼ szklanki oliwek Kalamata
- ¼ szklanki startego parmezanu
- ¼ szklanki pokruszonej fety
- Świeżo posiekana natka pietruszki do dekoracji (opcjonalnie)

Wskazówki:

Rozgrzej frytownicę powietrzną do 380°F. Każdą pitę nasmaruj 1 łyżką oliwy z oliwek, następnie posyp posiekanym czosnkiem i solą.

Podziel serca karczochów, oliwki i sery równo pomiędzy dwie pity i umieść oba w frytkownicy, aby gotować przez 10 minut. Przed podaniem wyjmij pita i pokrój ją na 4 części. W razie potrzeby posyp z wierzchu natką pietruszki.

Wartości odżywcze (w 100g): 243 kalorie 15 g tłuszczu 10 g węglowodanów 7 g białka 644 mg sodu

Paella warzywna

Czas przygotowania: 25 minut

Czas gotowania: 45 minut

Porcje: 6

Poziom trudności: średni

Składniki:

- ¼ szklanki oliwy z oliwek
- 1 duża słodka cebula
- 1 duża czerwona papryka
- 1 duża zielona papryka
- 3 ząbki czosnku, drobno posiekane
- 1 łyżeczka wędzonej papryki
- 5 pasm szafranu
- 1 cukinia, pokrojona w ½-calową kostkę
- 4 duże dojrzałe pomidory, obrane, pozbawione pestek i posiekane
- 1 ½ szklanki hiszpańskiego ryżu krótkoziarnistego
- 3 szklanki bulionu warzywnego, podgrzanego

Wskazówki:

Rozgrzej piekarnik do 350°F. Zagotuj oliwę z oliwek na średnim ogniu. Dodaj cebulę oraz czerwoną i zieloną paprykę i smaż przez 10 minut.

Dodać czosnek, paprykę, nitki szafranu, cukinię i pomidory. Zmniejsz ogień do średnio-niskiego i gotuj przez 10 minut.

Dodaj ryż i bulion warzywny. Zwiększ ogień, aby paella się zagotowała. Zmień ogień na średnio niski i gotuj przez 15 minut. Owiń formę folią aluminiową i włóż do piekarnika.

Piec przez 10 minut lub do momentu wchłonięcia bulionu.

Wartości odżywcze (w 100g): 288 kalorii 10 g tłuszczu 46 g węglowodanów 3 g białka 671 mg sodu

Zapiekanka z bakłażanem i ryżem

Czas przygotowania: 30 minut

Czas gotowania: 35 minut

Porcje: 4

Poziom trudności: trudny

Składniki:

- na sos
- ½ szklanki oliwy z oliwek
- 1 mała cebula, posiekana
- 4 ząbki czosnku, posiekane
- 6 dojrzałych pomidorów, oczyszczonych i posiekanych
- 2 łyżki koncentratu pomidorowego
- 1 łyżeczka suszonego oregano
- ¼ łyżeczki mielonej gałki muszkatołowej
- ¼ łyżeczki mielonego kminku
- Do zapiekanki
- 4 japońskie bakłażany (6 cali), przekrojone wzdłuż na pół
- 2 łyżki oliwy z oliwek
- 1 szklanka ugotowanego ryżu
- 2 łyżki orzeszków piniowych, smażonych
- 1 szklanka wody

Wskazówki:

Zrób sos

Oliwę z oliwek podgrzej w rondlu o grubym dnie na średnim ogniu. Dodać cebulę i smażyć przez 5 minut. Wymieszaj czosnek, pomidory, koncentrat pomidorowy, oregano, gałkę muszkatołową i kminek. Doprowadzić do wrzenia, następnie zmniejszyć ogień do małego i gotować przez 10 minut. Usuń i odłóż na bok.

Zrób zapiekankę

Rozgrzej grill. Gdy sos się gotuje, skrop bakłażany oliwą z oliwek i ułóż na blasze do pieczenia. Smaż około 5 minut, aż uzyskasz złoty kolor. Wyjmij i ostudź. Rozgrzej piekarnik do 375°F. Ułóż schłodzone bakłażany, przekrojoną stroną do góry, w naczyniu do pieczenia o wymiarach 9 na 13 cali. Ostrożnie wyjmij część mięsa, aby zrobić miejsce na nadzienie.

W misce wymieszaj połowę sosu pomidorowego, ugotowany ryż i orzeszki piniowe. Nadziewaj każdą połówkę bakłażana mieszanką ryżową. W tej samej misce wymieszaj pozostały sos pomidorowy i wodę. Polać bakłażanem. Piec pod przykryciem przez 20 minut, aż bakłażany będą miękkie.

Wartości odżywcze (w 100g): 453 kalorie 39 g tłuszczu 29 g węglowodanów 7 g białka 820 mg sodu

Kuskus warzywny

Czas przygotowania: 15 minut

Czas gotowania: 45 minut

Porcje: 8

Poziom trudności: trudny

Składniki:

- ¼ szklanki oliwy z oliwek
- 1 cebula, posiekana
- 4 ząbki czosnku, posiekane
- 2 papryczki jalapeño, nakłute widelcem w kilku miejscach
- ½ łyżeczki mielonego kminku
- ½ łyżeczki mielonej kolendry
- 1 puszka (28 uncji) pokruszonych pomidorów
- 2 łyżki koncentratu pomidorowego
- 1/8 łyżeczki soli
- 2 liście laurowe
- 11 szklanek wody, podzielone
- 4 marchewki
- 2 cukinie, pokrojone na 2-calowe kawałki
- 1 dynia żołędziowa, przekrojona na pół, pozbawiona nasion i pokrojona w plastry o grubości 1 cala
- 1 puszka (15 uncji) ciecierzycy, odsączona i opłukana
- ¼ szklanki posiekanych konserwowanych cytryn (opcjonalnie)

- 3 szklanki kuskusu

Wskazówki:

Na patelni o grubym dnie podgrzej oliwę z oliwek. Dodaj cebulę i smaż przez 4 minuty. Wymieszaj czosnek, papryczki jalapeno, kminek i kolendrę. Gotuj przez 1 minutę. Dodaj pomidory, koncentrat pomidorowy, sól, liście laurowe i 8 szklanek wody. Doprowadzić mieszaninę do wrzenia.

Dodaj marchewkę, cukinię i dynię żołędziową i ponownie zagotuj. Zmniejszyć nieco ogień, przykryć i gotować około 20 minut, aż warzywa będą miękkie, ale nie rozgotowane. Weź 2 szklanki płynu z gotowania i odłóż na bok. Dopraw według potrzeby.

Dodaj ciecierzycę i konserwowane cytryny (jeśli używasz). Gotuj przez kilka minut i wyłącz ogrzewanie.

W średnim rondlu zagotuj pozostałe 3 szklanki wody na dużym ogniu. Dodać kuskus, przykryć i wyłączyć ogień. Odstawiamy kuskus na 10 minut. Skropić 1 szklanką przygotowanego płynu. Za pomocą widelca rozdrobnij kuskus.

Umieść go w dużej misce. Skropić pozostałym sosem z gotowania. Wyjmij warzywa z garnka i połóż je na wierzchu. Pozostałą część gulaszu podawaj w osobnej misce.

Wartości odżywcze (w 100g):415 kalorii 7 g tłuszczu 75 g węglowodanów 9 g białka 718 mg sodu

Kushari

Czas przygotowania: 25 minut

Czas gotowania: 1 godzina i 20 minut

Porcje: 8

Poziom trudności: trudny

Składniki:

- na sos
- 2 łyżki oliwy z oliwek
- 2 ząbki czosnku, posiekane
- 1 puszka (16 uncji) sosu pomidorowego
- ¼ szklanki białego octu
- ¼ szklanki harissy lub kupionej w sklepie
- 1/8 łyżeczki soli
- Na ryż
- 1 szklanka oliwy z oliwek
- 2 cebule, pokrojone w cienkie plasterki
- 2 szklanki suchej brązowej soczewicy
- 4 litry plus ½ szklanki wody, podzielone
- 2 szklanki ryżu krótkoziarnistego
- 1 łyżeczka soli
- 1 kilogram krótkiego makaronu łokciowego
- 1 puszka (15 uncji) ciecierzycy, odsączona i opłukana
-

Wskazówki:

Do zrobienia sosu

W rondlu podgrzej oliwę z oliwek. Zrumienić czosnek. Wymieszaj sos pomidorowy, ocet, harissę i sól. Doprowadzić sos do wrzenia. Zmniejsz ogień do małego i gotuj przez 20 minut lub do momentu, aż sos zgęstnieje. Usuń i odłóż na bok.

Aby zrobić ryż

Wyłóż talerz papierowymi ręcznikami i odłóż na bok. Na dużej patelni, na średnim ogniu, rozgrzej oliwę z oliwek. Podsmaż cebulę, często mieszając, aż stanie się chrupiąca i złocista. Cebulę przełożyć na przygotowany talerz i odstawić. Zarezerwuj 2 łyżki oleju kuchennego. Zarezerwuj patelnię.

Na dużym ogniu wymieszaj w rondlu soczewicę i 4 szklanki wody. Pozwól mu się zagotować i gotuj przez 20 minut. Odcedź i wymieszaj z zarezerwowanymi 2 łyżkami oleju kuchennego. Odłożyć. Zarezerwuj garnek.

Umieść patelnię, na której smażyłaś cebulę, na średnim ogniu i dodaj ryż, 4½ szklanki wody i sól. Doprowadzić do wrzenia. Zmniejsz ogień do małego i gotuj przez 20 minut. Wyłącz i odstaw na 10 minut. Zagotuj pozostałe 8 szklanek osolonej wody na dużym ogniu w tym samym rondlu, w którym gotowano soczewicę. Dodaj makaron i gotuj przez 6 minut lub zgodnie z instrukcją na opakowaniu. Odcedź i zachowaj.

Złożyć

Wlać ryż na talerz do serwowania. Posyp soczewicą, ciecierzycą i makaronem. Skropić gorącym sosem pomidorowym i posypać chrupiącą smażoną cebulą.

Wartości odżywcze (w 100g): 668 kalorii 13 g tłuszczu 113 g węglowodanów 18 g białka 481 mg sodu

Bulgur z pomidorami i ciecierzycą

Czas przygotowania: 10 minut

Czas gotowania: 35 minut

Porcje: 6

Poziom trudności: średni

Składniki:

- ½ szklanki oliwy z oliwek
- 1 cebula, posiekana
- 6 pokrojonych w kostkę pomidorów lub 1 16-uncjowa puszka pokrojonych w kostkę pomidorów
- 2 łyżki koncentratu pomidorowego
- 2 szklanki wody
- 1 łyżka Harissy lub kupiona w sklepie
- 1/8 łyżeczki soli
- 2 szklanki grubego bulguru
- 1 puszka (15 uncji) ciecierzycy, odsączona i opłukana

Wskazówki:

W rondlu o grubym dnie, ustawionym na średnim ogniu, rozgrzej oliwę z oliwek. Podsmaż cebulę, następnie dodaj pomidory wraz z sokiem i smaż przez 5 minut.

Wymieszaj koncentrat pomidorowy, wodę, harissę i sól. Doprowadzić do wrzenia.

Dodać bulgur i ciecierzycę. Doprowadzić mieszaninę ponownie do wrzenia. Zmniejsz ogień do małego i gotuj przez 15 minut. Odstawić na 15 minut przed podaniem.

Wartości odżywcze (w 100g): 413 kalorii 19 g tłuszczu 55 g węglowodanów 14 g białka 728 mg sodu

Makrela Makrela

Czas przygotowania: 10 minut

Czas gotowania: 15 minut

Porcje: 4

Poziom trudności: Łatwy

Składniki:

- Makaron 12 uncji
- 1 ząbek czosnku
- Sos Pomidorowy 14 uncji
- 1 gałązka posiekanej natki pietruszki
- 2 świeże papryki
- 1 łyżeczka soli
- 7 uncji makreli w oleju
- 3 łyżki oliwy z oliwek z pierwszego tłoczenia

Wskazówki:

Zacznij od zagotowania wody w rondlu. Podczas gdy woda się nagrzewa, weź patelnię, wlej odrobinę oleju i trochę czosnku i smaż na małym ogniu. Gdy czosnek się ugotuje, zdejmij go z patelni.

Otwórz paprykę, usuń wewnętrzne nasiona i pokrój w cienkie paski.

Dodaj wodę z gotowania i chili do tej samej patelni, co poprzednio. Następnie weź makrelę, a po odsączeniu oleju i rozdzieleniu jej widelcem włóż ją na patelnię z pozostałymi składnikami. Lekko zrumienić dodając odrobinę wody z gotowania.

Gdy wszystkie składniki dobrze się połączą, na patelnię dodajemy przecier pomidorowy. Dokładnie wymieszaj, aby wszystkie składniki się wyrównały i gotuj na małym ogniu przez około 3 minuty.

Przejdźmy do makaronu:

Gdy woda zacznie wrzeć, dodaj sól i makaron. Odcedź makaron, gdy będzie lekko al dente i dodaj go do przygotowanego sosu.

Podsmaż chwilę w sosie i po skosztowaniu dopraw solą i pieprzem do smaku.

Wartości odżywcze (w 100g): 510 kalorii 15,4 g tłuszczu 70 g węglowodanów 22,9 g białka 730 mg sodu

Maccheroni z pomidorkami koktajlowymi i anchois

Czas przygotowania: 10 minut

Czas gotowania: 15 minut

Porcje: 4

Poziom trudności: Łatwy

Składniki:

- Makaron Maccheroni 14 uncji
- 6 solonych anchois
- 4 uncje pomidorów koktajlowych
- 1 ząbek czosnku
- 3 łyżki oliwy z oliwek z pierwszego tłoczenia
- Świeże chilli do smaku
- 3 liście bazylii
- Sól dla smaku

Wskazówki:

Zacznij od podgrzania wody w rondlu i dodaj sól, gdy się zagotuje. W międzyczasie przygotuj sos: Umyte pomidory wyjmij i pokrój na 4 części.

Teraz weź patelnię z powłoką nieprzywierającą, posmaruj odrobiną oleju i wrzuć ząbek czosnku. Po ugotowaniu zdjąć z patelni. Na patelnię wrzucamy czyste anchois, roztapiamy je na oleju.

Gdy anchois dobrze się rozpuszczą, dodajemy kawałki pokrojonych pomidorów i zwiększamy ogień do dużego, aż zaczną mięknąć (uważamy, żeby nie były zbyt miękkie).

Dodać chilli bez pestek, pokroić na małe kawałki i doprawić.

Makaron wrzucić do garnka z wrzącą wodą, odcedzić al dente i chwilę gotować w garnku.

Wartości odżywcze (w 100g): 476 kalorii 11 g tłuszczu 81,4 g węglowodanów 12,9 g białka 763 mg sodu

Risotto z cytryną i krewetkami

Czas przygotowania: 10 minut

Czas gotowania: 30 minut

Porcje: 4

Poziom trudności: Łatwy

Składniki:

- 1 cytryna
- 14 uncji krewetek w łupinach
- 1 ¾ szklanki ryżu do risotto
- 1 biała cebula
- 33 fl. uncja (1 litr) bulionu warzywnego (jeszcze mniej, a dobrze)
- 2 ½ łyżki masła
- ½ kieliszka białego wina
- Sól dla smaku
- Czarny pieprz do smaku
- Szczypiorek do smaku

Wskazówki:

Zacznij od ugotowania krewetek w osolonej wodzie przez 3-4 minuty, odcedź i odłóż na bok.

Cebulę oczyścić i drobno posiekać, podsmażyć na roztopionym maśle, a gdy masło wyschnie, na patelni smażyć przez kilka minut ryż.

Zdeglasuj ryż połową szklanki białego wina, następnie dodaj sok z 1 cytryny. Wymieszaj i dokończ gotowanie ryżu, w razie potrzeby dodając łyżkę bulionu warzywnego.

Dobrze wymieszaj i na kilka minut przed końcem gotowania dodaj ugotowane krewetki (odłóż trochę do dekoracji) i odrobinę czarnego pieprzu.

Gdy ogień opadnie, dodaj łyżkę masła i zamieszaj. Risotto jest gotowe do podania. Udekorować pozostałymi krewetkami i posypać szczypiorkiem.

Wartości odżywcze (w 100g): 510 kalorii 10 g tłuszczu 82,4 g węglowodanów 20,6 g białka 875 mg sodu

Spaghetti z małżami

Czas przygotowania: 10 minut

Czas gotowania: 40 minut

Porcje: 4

Poziom trudności: Łatwy

Składniki:

- 11,5 uncji spaghetti
- 2 kilogramy małży
- 7 uncji sosu pomidorowego lub pasty pomidorowej do czerwonej wersji tego dania
- 2 ząbki czosnku
- 4 łyżki oliwy z oliwek z pierwszego tłoczenia
- 1 kieliszek białego wytrawnego wina
- 1 łyżka drobno posiekanej natki pietruszki
- 1 ostra papryka

Wskazówki:

Zacznij od umycia małży: Nigdy nie „czyść" małży, należy je otwierać jedynie pod wpływem ciepła, w przeciwnym razie ich cenny płyn wewnętrzny zostanie utracony wraz z piaskiem. Małże szybko umyj za pomocą durszlaka umieszczonego w salaterce: dzięki temu piasek zostanie odfiltrowany z muszli.

Następnie natychmiast umieść odsączone małże w rondlu z pokrywką i postaw na dużym ogniu. Od czasu do czasu obracaj je, a gdy będą już prawie całe otwarte, zdejmij je z ognia. Muszle, które pozostają zamknięte, są martwe i należy je wyrzucić. Wyjmij skorupiaki z otwartych, zostawiając kilka w całości do dekoracji potraw. Pozostały płyn na dnie patelni odcedź i odstaw.

Weź dużą patelnię i wlej do niej odrobinę oleju. Podgrzej całą paprykę i jeden lub dwa zmiażdżone ząbki czosnku na bardzo małym ogniu, aż ząbki zmienią kolor na żółty. Dodać małże i doprawić białym wytrawnym winem.

Teraz dodaj wcześniej przefiltrowany płyn z małży i trochę drobno posiekanej natki pietruszki.

Odcedź i natychmiast wrzuć spaghetti al dente na patelnię, po ugotowaniu w dużej ilości osolonej wody. Dobrze wymieszaj, aż spaghetti wchłonie cały płyn z małży. Jeśli nie użyłeś chili, uzupełnij lekką szczyptą białego lub czarnego pieprzu.

Wartości odżywcze (w 100g): 167 kalorii 8 g tłuszczu 8,63 g węglowodanów 5 g białka 720 mg sodu

Grecka zupa rybna

Czas przygotowania: 10 minut

Czas gotowania: 60 minut

Porcje: 4

Poziom trudności: Łatwy

Składniki:

- Morszczuk lub inna biała ryba
- 4 ziemniaki
- 4 cebule dymki
- 2 marchewki
- 2 łodygi selera
- 2 pomidory
- 4 łyżki oliwy z oliwek z pierwszego tłoczenia
- 2 jajka
- 1 cytryna
- 1 szklanka ryżu
- Sól dla smaku

Wskazówki:

Wybierz rybę, która nie przekracza 2,2 kilograma, usuń łuski, skrzela i jelita i dobrze ją umyj. Podsmaż i zachowaj.

Ziemniaki, marchewkę i cebulę umyj i włóż w całości do garnka z wodą, aby zmiękły, a następnie zagotuj.

Dodajemy seler jeszcze związany w pęczki, aby nie rozpłynął się podczas smażenia, pomidory kroimy na ćwiartki i również je dodajemy razem z oliwą i solą.

Gdy warzywa będą już prawie ugotowane, dodaj wodę i rybę. Gotować przez 20 minut, następnie wyjąć z bulionu z warzywami.

Rybę ułożyć w naczyniu do serwowania, udekorować warzywami i odcedzić bulion. Włóż bulion do ognia, rozcieńczając go niewielką ilością wody. Gdy się zagotuje, dodaj ryż i dopraw solą. Po ugotowaniu ryżu zdejmij patelnię z ognia.

Przygotuj sos avgolemono:

Jajka dobrze ubij i powoli dodawaj sok z cytryny. Do garnka wlewamy odrobinę bulionu i powoli wlewamy go do jajek, ciągle mieszając.

Na koniec powstały sos dodać do zupy i dobrze wymieszać.

Wartości odżywcze (w 100g): 263 kalorii 17,1 g tłuszczu 18,6 g węglowodanów 9 g białka 823 mg sodu

Ryż Venere z Krewetkami

Czas przygotowania: 10 minut

Czas gotowania: 55 minut

Porcje: 3

Poziom trudności: Łatwy

Składniki:

- 1 ½ szklanki czarnego ryżu Venere (najlepiej ugotowanego)
- 5 łyżek oliwy z oliwek z pierwszego tłoczenia
- 10,5 uncji krewetek
- 10,5 uncji cukinii
- 1 cytryna (sok i skórka)
- Sól kuchenna do smaku
- Czarny pieprz do smaku
- 1 ząbek czosnku
- Tabasco do smaku

Wskazówki:

Zacznijmy od ryżu:

Po napełnieniu rondelka dużą ilością wody i doprowadzeniu jej do wrzenia wsypujemy ryż, doprawiamy solą i gotujemy przez wymagany czas (sprawdź instrukcję gotowania na opakowaniu).

W międzyczasie zetrzyj cukinię na grubej tarce. Na patelni rozgrzej oliwę z obranym ząbkiem czosnku, dodaj startą cukinię, sól i pieprz, smaż przez 5 minut, wyjmij ząbek czosnku i zachowaj warzywa.

Teraz oczyść krewetki:

Usuń skórę, odetnij ogon, przekrój go wzdłuż na pół i usuń jelito (czarna nitka na grzbiecie). Oczyszczone krewetki włóż do miski i dopraw oliwą z oliwek; Dodaj trochę więcej smaku, dodając skórkę z cytryny, sól i pieprz oraz kilka kropli Tabasco, jeśli chcesz.

Krewetki podsmażamy na gorącej patelni przez kilka minut. Po ugotowaniu odłożyć na bok.

Gdy ryż Venere będzie już gotowy, odcedź go do miski, dodaj mieszankę cukinii i wymieszaj.

Wartości odżywcze (w 100g): 293 kalorie 5 g tłuszczu 52 g węglowodanów 10 g białka 655 mg sodu

Pennette z łososiem i wódką

Czas przygotowania: 10 minut

Czas gotowania: 18 minut

Porcje: 4

Poziom trudności: Łatwy

Składniki:

- Pennette Rigate 14 uncji
- 7 uncji wędzonego łososia
- Miarka 1,2 uncji
- 1,35 funta uncje (40 ml) wódki
- 5 uncji pomidorków koktajlowych
- 7 uncji świeżej, ciężkiej śmietanki (polecam warzywa na lżejsze danie)
- Szczypiorek do smaku
- 3 łyżki oliwy z oliwek z pierwszego tłoczenia
- Sól dla smaku
- Czarny pieprz do smaku
- Bazylia do smaku (do dekoracji)

Wskazówki:

Umyj i pokrój pomidory i szczypiorek. Po oczyszczeniu skórki posiekaj ją nożem, włóż do rondelka i pozostaw do marynowania na kilka chwil w oliwie z oliwek z pierwszego tłoczenia.

W międzyczasie łososia pokroić w paski i podsmażyć na oleju z szalotką.

Wszystko wymieszaj z wódką, uważając, aby nie powstał płomień (jeśli płomień się wzniesie, nie martw się, zgaśnie, gdy alkohol całkowicie odparuje). Dodajemy rozdrobnione pomidory, doprawiamy szczyptą soli i ewentualnie pieprzu. Na koniec dodać śmietanę i posiekany szczypiorek.

Podczas gdy sos nadal się gotuje, przygotuj makaron. Gdy woda się zagotuje, włóż pennety i gotuj je al dente.

Odcedź makaron i wrzuć pennety do sosu, gotuj przez kilka chwil, aby wchłonęły cały smak. W razie potrzeby udekoruj listkiem bazylii.

Wartości odżywcze (w 100g): 620 kalorii 21,9 g tłuszczu 81,7 g węglowodanów 24 g białka 326 mg sodu

Carbonara z owocami morza

Czas przygotowania: 15 minut

Czas gotowania: 50 minut

Porcje: 3

Poziom trudności: Łatwy

Składniki:

- 11,5 uncji spaghetti
- 3,5 uncji tuńczyka
- 3,5 uncji miecznika
- 3,5 uncji łososia
- 6 żółtek
- 4 łyżki Parmigiano Reggiano
- 2 piętra uncja (60 ml) białego wina
- 1 ząbek czosnku
- Oliwa z oliwek z pierwszego tłoczenia do smaku
- Sól kuchenna do smaku
- Czarny pieprz do smaku

Wskazówki:

W rondelku przygotuj wrzącą wodę i dodaj trochę soli.

W międzyczasie do miski wbijamy 6 żółtek, dodajemy starty parmezan, pieprz i sól. Ubić i rozrzedzić niewielką ilością wody z gotowania z patelni.

Usuń kości z łososia, obierz miecznika i pokrój tuńczyka, łososia i miecznika w kostkę.

Po ugotowaniu dodaj makaron i gotuj, aż będzie lekko al dente.

W międzyczasie na dużej patelni rozgrzewamy odrobinę oliwy, dodajemy cały obrany ząbek czosnku. Gdy olej się rozgrzeje, dodaj kostki rybne i smaż przez około 1 minutę. Usuń czosnek i dodaj białe wino.

Gdy alkohol odparuje, wyjmij kostki rybne i zmniejsz ogień. Gdy spaghetti będzie gotowe, dodaj je na patelnię i smaż przez około minutę, ciągle mieszając i dodając wodę z gotowania w razie potrzeby.

Wlać masę z żółtek i kostki rybne. Dobrze wymieszać. Podawać.

Wartości odżywcze (w 100g): 375 kalorii 17 g tłuszczu 41,40 g węglowodanów 14 g białka 755 mg sodu

Garganelli z pesto z cukinii i krewetek

Czas przygotowania: 10 minut

Czas gotowania: 30 minut

Porcje: 4

Poziom trudności: średni

Składniki:

- 14 uncji Garganelli na bazie jajek
- Na pesto dyniowe:
- 7 uncji cukinii
- 1 szklanka orzeszków piniowych
- 8 łyżek (0,35 uncji) bazylii
- 1 łyżeczka soli kuchennej
- 9 łyżek oliwy z oliwek z pierwszego tłoczenia
- 2 łyżki startego parmezanu
- 1 uncja tartego Pecorino
- Dla krewetek zamężnych:
- 8,8 uncji krewetek
- 1 ząbek czosnku
- 7 łyżek oliwy z oliwek z pierwszego tłoczenia
- Końcówka noża solnego

Wskazówki:

Zacznij od przygotowania pesto:

Po umyciu dyni zetrzeć je na tarce, przełożyć na durszlak (aby odpuściły trochę nadmiaru płynu) i lekko posolić. Do blendera włóż orzeszki piniowe, cukinię i liście bazylii. Dodaj starty parmezan, pecorino i oliwę z oliwek z pierwszego tłoczenia.

Całość miksujemy na kremową masę, dodajemy szczyptę soli i odstawiamy.

Przejdźmy do krewetek:

Najpierw usuń jelito, przecinając nożem grzbiet krewetki na całej długości, a czubkiem noża usuń czarną nitkę ze środka.

Na patelni z powłoką nieprzywierającą podsmaż ząbek czosnku na oliwie z pierwszego tłoczenia. Gdy będzie złocisty, wyjmij czosnek i dodaj krewetki. Piecz je przez około 5 minut na średnim ogniu, aż na zewnątrz utworzy się chrupiąca skórka.

Następnie zagotuj w garnku osoloną wodę i ugotuj Garganelli. Zachowaj kilka łyżek wody z gotowania i odcedź makaron, aż będzie al dente.

Umieść Garganelli na patelni, na której smażyłeś krewetki. Gotujemy razem chwilę, dodajemy łyżkę wody z gotowania i na koniec dodajemy pesto dyniowe.

Wszystko dobrze wymieszaj, aby makaron połączył się z sosem.

Wartości odżywcze (w 100g): 776 kalorii 46 g tłuszczu 68 g węglowodanów 22,5 g białka 835 mg sodu

Risotto z łososiem

Czas przygotowania: 10 minut

Czas gotowania: 30 minut

Porcje: 4

Poziom trudności: średni

Składniki:

- 1 ¾ szklanki (12,3 uncji) ryżu
- Steki z łososia o wadze 8,8 uncji
- 1 por
- Oliwa z oliwek z pierwszego tłoczenia do smaku
- 1 ząbek czosnku
- ½ kieliszka białego wina
- 3 ½ łyżki startego Grana Padano
- Sól dla smaku
- Czarny pieprz do smaku
- 17 fl. uncje (500 ml) bulionu rybnego
- 1 szklanka masła

Wskazówki:

Zacznij od oczyszczenia łososia i pokrojenia go na małe kawałki. Na patelni rozgrzać 1 łyżkę oliwy z całym ząbkiem czosnku i smażyć łososia przez 2/3 minuty, posolić i zachować łososia, usuwając czosnek.

Teraz zacznij przygotowywać risotto:

Pory pokroić na bardzo małe kawałki i podsmażyć na patelni na małym ogniu z dwiema łyżkami oleju. Dodaj ryż i smaż przez kilka sekund na średnim ogniu, mieszając drewnianą łyżką.

Dodaj białe wino i kontynuuj gotowanie, od czasu do czasu mieszając, starając się, aby ryż nie przylgnął do patelni, i stopniowo dodawaj bulion (warzywny lub rybny).

W połowie gotowania dodaj łososia, masło i szczyptę soli, jeśli to konieczne. Gdy ryż będzie ugotowany, zdejmij go z ognia. Wymieszaj z kilkoma łyżkami startego Grana Padano i podawaj.

Wartości odżywcze (w 100g): 521 kalorii 13 g tłuszczu 82 g węglowodanów 19 g białka 839 mg sodu

Makaron z pomidorkami koktajlowymi i anchois

Czas przygotowania: 15 minut

Czas gotowania: 35 minut

Porcje: 4

Poziom trudności: Łatwy

Składniki:

- 10,5 uncji spaghetti
- 1,3 kilograma pomidorków koktajlowych
- 9 uncji anchois (wstępnie oczyszczonych)
- 2 łyżki kaparów
- 1 ząbek czosnku
- 1 mała czerwona cebula
- Pietruszka do smaku
- Oliwa z oliwek z pierwszego tłoczenia do smaku
- Sól kuchenna do smaku
- Czarny pieprz do smaku
- Czarne oliwki do smaku

Wskazówki:

Ząbek czosnku pokroić w cienkie plasterki.

Pomidorki koktajlowe pokroić na 2 części. Cebulę obrać i drobno posiekać.

Na patelnię wlewamy odrobinę oliwy z czosnkiem i posiekaną cebulą. Podgrzewaj wszystko na średnim ogniu przez 5 minut; Od czasu do czasu mieszaj.

Gdy wszystko będzie już ładnie przyprawione, dodajemy pomidorki koktajlowe oraz szczyptę soli i pieprzu. Gotuj przez 15 minut. W międzyczasie postaw garnek z wodą na ogniu i gdy tylko się zagotuje, dodaj sól i makaron.

Gdy sos będzie prawie gotowy, dodaj anchois i gotuj na wolnym ogniu przez kilka minut. Delikatnie wymieszaj.

Wyłącz ogień, posiekaj natkę pietruszki i wrzuć na patelnię.

Po ugotowaniu odcedzamy makaron i dodajemy go bezpośrednio do sosu. Włącz ponownie ogrzewanie na kilka sekund.

Wartości odżywcze (w 100g): 446 kalorii 10 g tłuszczu 66,1 g węglowodanów 22,8 g białka 934 mg sodu

Orecchiette z brokułami i kiełbasą

Czas przygotowania: 10 minut

Czas gotowania: 32 minuty

Porcje: 4

Poziom trudności: średni

Składniki:

- Orecchiette 11,5 uncji
- 10,5 Brokuły
- 10,5 uncji kiełbasy
- 1,35 funta uncja (40 ml) białego wina
- 1 ząbek czosnku
- 2 gałązki tymianku
- 7 łyżek oliwy z oliwek z pierwszego tłoczenia
- Czarny pieprz do smaku
- Sól kuchenna do smaku

Wskazówki:

Zagotuj garnek pełen wody i soli. Usuń różyczki brokułów z łodygi i pokrój je na pół lub na ćwiartki, jeśli są zbyt duże; następnie wrzucamy je do wrzącej wody, przykrywamy patelnię i gotujemy 6-7 minut.

W międzyczasie drobno posiekaj tymianek i odłóż na bok. Zdejmij osłonkę z kiełbasy i za pomocą widelca lekko ją rozgnieć.

Na odrobinie oliwy podsmaż ząbek czosnku i dodaj kiełbasę. Po kilku sekundach dodaj tymianek i odrobinę białego wina.

Nie wylewając wody z gotowania, wyjmij ugotowane brokuły łyżką cedzakową i dodawaj po trochu do mięsa. Gotuj wszystko przez 3-4 minuty. Usuń czosnek i dodaj szczyptę czarnego pieprzu.

Zagotuj wodę, w której gotowałeś brokuły, następnie dodaj makaron i poczekaj, aż się zagotuje. Po ugotowaniu makaron odcedzamy łyżką cedzakową i przekładamy bezpośrednio do sosu brokułowo-kiełbasnego. Następnie dobrze wymieszaj, dodaj czarny pieprz i smaż wszystko na patelni przez kilka minut.

Wartości odżywcze (w 100g): 683 kalorie 36 g tłuszczu 69,6 g węglowodanów 20 g białka 733 mg sodu

Risotto z radicchio i wędzonym boczkiem

Czas przygotowania: 10 minut

Czas gotowania: 30 minut

Porcje: 3

Poziom trudności: średni

Składniki:

- 1 ½ szklanki ryżu
- 14 uncji Radicchio
- 5,3 uncji wędzonego boczku
- 34 fl. uncja (1L) bulionu warzywnego
- 3,4 fl. uncja (100 ml) czerwonego wina
- 7 łyżek oliwy z oliwek z pierwszego tłoczenia
- 1,7 uncji szalotki
- Sól kuchenna do smaku
- Czarny pieprz do smaku
- 3 gałązki tymianku

Wskazówki:

Zacznijmy od przygotowania bulionu warzywnego.

Zacznij od radicchio: przekrój go na pół i usuń środek (białą część). Pokrój w paski, dobrze opłucz i odłóż na bok. Boczek wędzony również pokroić w cienkie paski.

Drobno posiekaj eschę i włóż ją na patelnię z odrobiną oleju. Gotujemy na średnim ogniu, dodajemy chochelkę bulionu, następnie dodajemy boczek i czekamy, aż się zrumieni.

Po około 2 minutach dodać ryż i tosty, często mieszając. W tym momencie wlać czerwone wino na dużym ogniu.

Gdy cały alkohol odparuje, kontynuuj gotowanie, dodając po łyżce bulionu. Pozwól poprzedniemu wyschnąć przed dodaniem kolejnego, aż będzie w pełni ugotowany. Dodaj sól i czarny pieprz (zależy to od tego, ile zdecydujesz się dodać).

Pod koniec smażenia dodać paski radicchio. Dobrze wymieszaj, aż zmiesza się z ryżem, ale nie gotuj. Dodaj posiekany tymianek.

Wartości odżywcze (w 100g): 482 kalorii 17,5 g tłuszczu 68,1 g węglowodanów 13 g białka 725 mg sodu

Biszkopt

Czas przygotowania: 10 minut

Czas gotowania: 25 minut

Porcje: 3

Poziom trudności: średni

Składniki:

- 11,5 uncji
- 1 kilogram wołowiny
- 2,2 kilograma złotej cebuli
- 2 uncje selera
- 2 uncje marchewki
- 1 pęczek pietruszki
- 3,4 fl. uncja (100 ml) białego wina
- Oliwa z oliwek z pierwszego tłoczenia do smaku
- Sól kuchenna do smaku
- Czarny pieprz do smaku
- parmezan do smaku

Wskazówki:

Przygotowanie makaronu zaczynamy od:

Oczyść i drobno posiekaj cebulę i marchewkę. Następnie umyj i drobno posiekaj seler (nie wyrzucaj liści, które również należy posiekać i odłożyć). Następnie przejdź do mięsa, odetnij je z nadmiaru tłuszczu i pokrój na 5/6 dużych kawałków. Na koniec zawiąż liście selera i gałązkę pietruszki sznurkiem kuchennym, aby stworzyć pachnący bukiet.

Do dużego rondla wlać dużą ilość oleju. Dodajemy cebulę, seler i marchewkę (odłożone wcześniej) i smażymy kilka minut.

Następnie dodajemy kawałki mięsa, szczyptę soli i pachnący bukiet. Wymieszaj i gotuj przez kilka minut. Następnie zmniejsz ogień i przykryj pokrywką.

Gotuj przez co najmniej 3 godziny (nie dodawaj wody ani bulionu, ponieważ cebula puści cały płyn niezbędny do zapobiegnięcia wysychaniu dna patelni). Od czasu do czasu wszystko sprawdzaj i mieszaj.

Po 3 godzinach gotowania usuń pęczek ziół, lekko zwiększ ogień, dodaj odrobinę wina i zamieszaj.

Mięso smażymy pod przykryciem około godziny, często mieszając i dolewając wino, gdy dno patelni wyschnie.

W tym momencie weź kawałek mięsa, pokrój go w plasterki na desce do krojenia i odłóż na bok. Daktyle pokroić i ugotować we wrzącej, osolonej wodzie.

Po ugotowaniu odcedzamy i wracamy na patelnię. Dolać kilka łyżek wody z gotowania i wymieszać. Połóż na talerzu, dodaj trochę sosu i mięso mielone (to zarezerwowane w kroku 7). Dodać pieprz i starty parmezan do smaku.

Wartości odżywcze (w 100g): 450 kalorii 8 g tłuszczu 80 g węglowodanów 14,5 g białka 816 mg sodu

Makaron kalafiorowy Neapol

Czas przygotowania: 15 minut

Czas gotowania: 35 minut

Porcje: 3

Poziom trudności: średni

Składniki:

- 10,5 uncji makaronu
- 1 kalafior
- 3,4 fl. uncje (100 ml) przecieru pomidorowego
- 1 ząbek czosnku
- 1 ostra papryka
- 3 łyżki oliwy z oliwek z pierwszego tłoczenia (lub łyżeczki)
- Sól dla smaku
- pieprz do smaku

Wskazówki:

Dokładnie oczyść kalafior: usuń zewnętrzne liście i łodygę. Pokrój go w małe bukiety.

Obierz ząbek czosnku, posiekaj go i podsmaż na patelni z oliwą i ostrą papryką.

Dodać przecier pomidorowy i różyczki kalafiora i smażyć przez kilka minut na średnim ogniu, następnie zalać kilkoma garnkami wody i gotować przez 15-20 minut lub przynajmniej do czasu, aż kalafior zmięknie.Kwiat zacznie robić się kremowy.

Jeśli stwierdzisz, że dno patelni jest zbyt suche, dodaj tyle wody, ile potrzeba, aby mieszanina była płynna.

W tym momencie zalać kalafior gorącą wodą i gdy się zagotuje, dodać makaron.

Doprawić solą i pieprzem.

Wartości odżywcze (w 100g): 458 kalorii 18 g tłuszczu 65 g węglowodanów 9 g białka 746 mg sodu

Pasta e Fagioli z pomarańczą i koprem włoskim

Czas przygotowania: 10 minut
Czas gotowania: 30 minut
Porcje: 5
Poziom trudności: Trudność

Składniki:

- Oliwa z oliwek z pierwszego tłoczenia - 1 łyżka. więcej ekstra za obsługę
- Pancetta – 2 uncje, drobno posiekane
- Cebula - 1, drobno posiekana
- Koper włoski – 1 cebula, usunięta łodyga, cebula przekrojona na pół, pozbawiona nasion i drobno posiekana
- Seler – 1 żebro, pokrojone w plasterki
- Czosnek - 2 ząbki, posiekane
- Filety z sardeli - 3 sztuki, podsmażone i pokrojone w plasterki
- Świeżo posiekane oregano - 1 łyżka.
- Tarta skórka pomarańczowa - 2 łyżki.
- Nasiona kopru włoskiego - ½ łyżeczki.
- Płatki czerwonej papryki - ¼ łyżeczki.
- Pomidory pokrojone w kostkę – 1 puszka (28 uncji).
- Parmezan – 1 skórka i więcej do podania
- Fasola Cannellini – 1 7-uncjowa puszka, przepłukana
- Rosół z kurczaka - 2 ½ szklanki

- Woda - 2 ½ szklanki
- Sól i pieprz
- Orzo – 1 szklanka
- Świeżo posiekana natka pietruszki – ¼ szklanki

Wskazówki:

Rozgrzej olej w holenderskim piekarniku na średnim ogniu. Dodaj pancettę. Smażyć przez 3 do 5 minut lub do momentu, aż zacznie się rumienić. Dodaj seler, koper włoski i cebulę i smaż, aż zmiękną (około 5 do 7 minut).

Wymieszaj płatki chili, nasiona kopru włoskiego, skórkę pomarańczową, oregano, anchois i czosnek. Gotuj przez 1 minutę. Dodaj pomidory i ich sok. Wymieszaj skórkę parmezanu i fasolę.

Doprowadzić do wrzenia i gotować przez 10 minut. Wymieszaj wodę, bulion i 1 łyżkę. sól. Niech się zagotuje na dużym ogniu. Wmieszać makaron i gotować aż będzie al dente.

Zdjąć z ognia i wyrzucić skórkę parmezanu.

Wymieszaj z pietruszką i dopraw solą i pieprzem do smaku. Skropić odrobiną oliwy z oliwek i posypać startym parmezanem. Podawać.

Wartości odżywcze (w 100g): 502 kalorie 8,8 g tłuszcz 72,2 g węglowodany 34,9 g białko 693 mg sód

Spaghetti z limonką

Czas przygotowania: 10 minut
Czas gotowania: 15 minut
Porcje: 6
Poziom trudności: Łatwy

Składniki:

- Oliwa z oliwek z pierwszego tłoczenia – ½ szklanki
- otarta skórka z cytryny - 2 łyżki.
- Sok z cytryny - 1/3 szklanki
- Czosnek - 1 ząbek, posiekany na pastę
- Sól i pieprz
- Parmezan – 2 uncje, starty
- Spaghetti - 1 kilogram
- Świeżo starta bazylia - 6 łyżek.

Wskazówki:

W misce wymieszaj czosnek, oliwę, skórkę z cytryny, sok, ½ łyżeczki. sól i c. pieprz. Dodaj parmezan i mieszaj, aż masa stanie się kremowa.

W międzyczasie ugotuj makaron zgodnie z instrukcją na opakowaniu. Odcedź i zachowaj ½ szklanki wody z gotowania. Do makaronu dodaj mieszankę oliwy i bazylii, wymieszaj. Dobrze dopraw i w razie potrzeby dodaj wodę z gotowania. Podawać.

Wartości odżywcze (w 100g):398 kalorii 20,7 g tłuszczu 42,5 g węglowodanów 11,9 g białka 844 mg sodu

Pikantny kuskus warzywny

Czas przygotowania: 10 minut
Czas gotowania: 20 minut
Porcje: 6
Poziom trudności: trudny

Składniki:

- Kalafior – 1 główka, podzielona na 1-calowe różyczki
- Oliwa z oliwek z pierwszego tłoczenia - 6 łyżek. więcej ekstra za obsługę
- Sól i pieprz
- Kuskus – 1 ½ szklanki
- Cukinia – 1, pokrojona na ½-calowe kawałki
- Czerwona papryka – 1, obrana, pozbawiona nasion i pokrojona na ½-calowe kawałki
- Czosnek - 4 ząbki, posiekane
- Ras el hanout – 2 łyżki.
- otarta skórka z cytryny - 1 łyżka. plus ćwiartki cytryny do podania
- Zupa z kurczaka - 1 ¾ szklanki
- świeży posiekany majeranek - 1 łyżka.

Wskazówki:

Na patelni podgrzej 2 łyżki. olej na średnim ogniu. Dodaj kalafior, ¾ łyżeczki. sól i ½ łyżeczki. pieprz. Mieszać. Gotuj, aż bukiety się zarumienią, a krawędzie staną się przezroczyste.

Zdejmij pokrywkę i gotuj, mieszając, przez 10 minut lub do momentu, aż różyczki staną się złotobrązowe. Przełożyć do miski i oczyścić patelnię. Podgrzej 2 łyżki. olej na patelni.

Dodaj kuskus. Gotuj i kontynuuj mieszanie przez 3 do 5 minut lub do momentu, aż fasola zacznie się brązowieć. Przełożyć do miski i oczyścić patelnię. Podgrzej 3 łyżki. pozostałe łyżki. na patelnię wlej olej, dodaj paprykę, cukinię i ½ łyżeczki. sól. Gotuj przez 8 minut.

Wymieszaj skórkę z cytryny, starty hanout i czosnek. Gotuj, aż zacznie wydzielać zapach (około 30 sekund). Włóż go do bulionu i pozwól mu się zagotować. Dodaj kuskus. Zdjąć z ognia i odstawić do miękkości.

Dodać majeranek i kalafior; następnie delikatnie wymieszaj widelcem do połączenia. Skropić dodatkową ilością oleju i dobrze doprawić. Podawać z cząstkami cytryny.

Wartości odżywcze (w 100g): 787 kalorii 18,3 g tłuszczu 129,6 g węglowodanów 24,5 g białka 699 mg sodu

Pieczony ryż z pikantnym koprem włoskim

Czas przygotowania: 10 minut
Czas gotowania: 45 minut
Porcje: 8
Poziom trudności: średni

Składniki:

- Słodkie ziemniaki – 1 ½ funta, obrane i pokrojone na 1-calowe kawałki
- Oliwa z oliwek z pierwszego tłoczenia – ¼ szklanki
- Sól i pieprz
- Koper włoski - 1 cebula, drobno posiekana
- Mała cebula - 1, drobno posiekana
- Ryż biały długoziarnisty – 1 ½ szklanki, opłukany
- Czosnek - 4 ząbki, posiekane
- Ras el hanout – 2 łyżki.
- Rosół z kurczaka - 2 szklanki
- Duże zielone marynowane oliwki bez pestek – ¾ szklanki, przekrojone na pół
- świeża posiekana kolendra - 2 łyżki.
- plasterki limonki

Wskazówki:

Umieść stojak piekarnika na środku i rozgrzej piekarnik do 400 F. Ziemniaki wymieszać z ½ łyżeczki. sól i 2 łyżki. olej.

Ułóż ziemniaki w jednej warstwie na blasze do pieczenia z brzegiem i piecz przez 25 do 30 minut lub do miękkości. W połowie gotowania ziemniaki przemieszać.

Wyjmij ziemniaki i zmniejsz temperaturę piekarnika do 350 F. W holenderskim piekarniku podgrzej 2 łyżki. olej na średnim ogniu.

Dodaj cebulę i koper włoski; Następnie gotuj przez 5 do 7 minut lub do miękkości. Dodać ras el hanout, czosnek i ryż. Gotuj przez 3 minuty.

Wymieszaj oliwki i bulion i odstaw na 10 minut. Do ziemniaków dodać ryż i delikatnie wymieszać widelcem do połączenia. Dopraw solą i pieprzem do smaku. Udekoruj kolendrą i podawaj z cząstkami limonki.

Wartości odżywcze (w 100g): 207 kalorii 8,9 g tłuszczu 29,4 g węglowodanów 3,9 g białka 711 mg sodu

Marokański kuskus z ciecierzycą

Czas przygotowania: 5 minut
Czas gotowania: 18 minut
Porcje: 6
Poziom trudności: średni

Składniki:

- Oliwa z oliwek z pierwszego tłoczenia - ¼ szklanki, dodatkowa do podania
- Kuskus – 1 ½ szklanki
- Drobno obrane i posiekane marchewki - 2
- Drobno posiekana cebula - 1
- Sól i pieprz
- Czosnek - 3 ząbki, posiekane
- mielona kolendra - 1 łyżka.
- Mielony imbir - łyżeczka.
- mielone nasiona anyżu - ¼ łyżeczki.
- Zupa z kurczaka - 1 ¾ szklanki
- Ciecierzyca – 1 puszka (15 uncji), przepłukana
- Mrożony groszek - 1 ½ szklanki
- Świeżo posiekana natka pietruszki lub kolendry – ½ szklanki
- plastry cytryny

Wskazówki:

Podgrzej 2 łyżki. olej na patelni na średnim ogniu. Dodaj kuskus i gotuj przez 3 do 5 minut lub do momentu, aż zacznie się rumienić. Przełożyć do miski i oczyścić patelnię.

Podgrzej 2 łyżki. na patelnię wlej olej, dodaj cebulę, marchewkę i 1 łyżkę. sól. Gotuj przez 5-7 minut. Wymieszaj anyż, imbir, kolendrę i czosnek. Gotuj, aż zacznie wydzielać zapach (około 30 sekund).

Wmieszać ciecierzycę i bulion i doprowadzić do wrzenia. Dodać kuskus i groszek. Przykryj i zdejmij z ognia. Odstawić, aż kuskus będzie miękki.

Do kuskusu dodajemy pietruszkę i mieszamy widelcem. Dodaj odrobinę oleju i dobrze dopraw. Podawać z cząstkami cytryny.

Wartości odżywcze (w 100g): 649 kalorii 14,2 g tłuszczu 102,8 g węglowodanów 30,1 g białka 812 mg sodu

Paella wegetariańska z fasolką szparagową i ciecierzycą

Czas przygotowania: 10 minut
Czas gotowania: 35 minut
Porcje: 4
Poziom trudności: Łatwy

Składniki:

- Szczypta szafranu
- bulion warzywny - 3 szklanki
- Oliwa z oliwek - 1 łyżka stołowa.
- Cebula żółta – 1 duża, pokrojona w kostkę
- Czosnek - 4 ząbki, pokrojone w plasterki
- Papryka czerwona – 1, pokrojona w kostkę
- Sproszkowane pomidory – ¾ szklanki, świeże lub z puszki
- Przecier pomidorowy - 2 łyżki.
- Chili - 1 ½ łyżeczki.
- Sól - 1 łyżka stołowa.
- Świeżo zmielony czarny pieprz - ½ łyżeczki.
- Fasola szparagowa – 1 ½ szklanki, przycięta i przekrojona na pół
- Ciecierzyca – 1 puszka (15 uncji), odsączona i opłukana
- Ryż biały krótkoziarnisty – 1 szklanka
- Cytryna – 1, pokroić w ćwiartki

Wskazówki:

Wymieszaj nitki szafranu z 3 łyżkami. gorącą wodę w małej misce. W rondlu zagotuj wodę na średnim ogniu. Zmniejszyć ogień i doprowadzić do wrzenia.

Podgrzej olej na patelni na średnim ogniu. Dodać cebulę i smażyć przez 5 minut. Dodaj pieprz i czosnek i smaż przez 7 minut lub do momentu, aż papryka będzie miękka. Wymieszaj mieszaninę szafranu i wody, sól, pieprz, paprykę, koncentrat pomidorowy i pomidory.

Dodaj ryż, ciecierzycę i fasolkę szparagową. Wlać gorący bulion i doprowadzić do wrzenia. Zmniejsz ogień i gotuj bez przykrycia przez 20 minut.

Podaje się na gorąco, udekorowane plasterkami cytryny.

Wartości odżywcze (w 100g): 709 kalorii 12 g tłuszczu 121 g węglowodanów 33 g białka 633 mg sodu

Krewetki czosnkowe z pomidorami i bazylią

Czas przygotowania: 10 minut

Czas gotowania: Dziesięć minut

Porcje: 4

Poziom trudności: Łatwy

Składniki:

- Oliwa z oliwek - 2 łyżki.
- Krewetki – 1 ¼ kg, obrane i oczyszczone
- Czosnek - 3 ząbki, posiekane
- Zmielone płatki czerwonej papryki - 1/8 łyżeczki.
- Wino białe wytrawne – ¾ szklanki
- Pomidory winogronowe - 1 ½ szklanki
- Drobno posiekana świeża bazylia – ¼ szklanki, plus więcej do dekoracji
- Sól - ¾ łyżeczki.
- Mielony czarny pieprz - ½ łyżeczki.

Wskazówki:

Na patelni rozgrzej olej na średnim ogniu. Dodaj krewetki i gotuj przez 1 minutę lub do momentu ugotowania. Przełożyć na talerz.

Na patelnię z olejem włóż płatki czerwonej papryki i czosnek i smaż, mieszając, przez 30 sekund. Wlać wino i gotować na wolnym ogniu, aż zredukuje się o połowę.

Dodaj pomidory i smaż, aż pomidory zaczną się rozpadać (około 3 do 4 minut). Wymieszaj zarezerwowane krewetki, sól, pieprz i bazylię. Gotuj przez kolejne 1-2 minuty.

Podawać udekorowane pozostałą bazylią.

Wartości odżywcze (w 100g): 282 kalorie 10 g tłuszczu 7 g węglowodanów 33 g białka 593 mg sodu

Paella z krewetkami

Czas przygotowania: 10 minut
Czas gotowania: 25 minut
Porcje: 4
Poziom trudności: średni

Składniki:

- Oliwa z oliwek - 2 łyżki.
- Cebula średnia – 1, pokrojona w kostkę
- Papryka czerwona – 1, pokrojona w kostkę
- Czosnek - 3 ząbki, posiekane
- Szczypta szafranu
- Chili - ¼ łyżeczki.
- Sól - 1 łyżka stołowa.
- Świeżo zmielony czarny pieprz - ½ łyżeczki.
- Bulion z kurczaka – 3 szklanki, podzielone
- Ryż biały krótkoziarnisty – 1 szklanka
- Duże krewetki, obrane i oczyszczone - 1 kilogram
- Mrożony groszek – 1 szklanka, rozmrożony

Wskazówki:

Na patelni rozgrzej oliwę z oliwek. Dodaj cebulę i pieprz i smaż przez 6 minut lub do momentu, aż zmiękną. Dodać sól, pieprz, paprykę, szafran i czosnek, wymieszać. Wymieszaj 2 ½ szklanki bulionu i ryżu.

Doprowadzić mieszaninę do wrzenia, następnie gotować na wolnym ogniu, aż ryż będzie ugotowany, około 12 minut. Ułóż krewetki i groszek na ryżu i dodaj pozostałe ½ szklanki bulionu.

Załóż pokrywkę z powrotem na patelnię i gotuj, aż wszystkie krewetki będą ugotowane (około 5 minut). Podawać.

Wartości odżywcze (w 100g): 409 kalorii 10 g tłuszczu 51 g węglowodanów 25 g białka 693 mg sodu

Sałatka z soczewicy z oliwkami, miętą i fetą

Czas przygotowania: 60 minut
Czas gotowania: 60 minut
Porcje: 6
Poziom trudności: średni

Składniki:

- Sól i pieprz
- Soczewica francuska – 1 szklanka, zebrana i ugotowana
- Czosnek - 5 ząbków, lekko zmiażdżonych i obranych
- Liść laurowy - 1
- Oliwa z oliwek z pierwszego tłoczenia - 5 łyżek.
- Ocet winny biały - 3 łyżki.
- Oliwki Kalamata bez pestek – ½ szklanki, posiekane
- Świeża posiekana mięta - ½ szklanki
- Przegrzebek – 1 duży, posiekany
- Ser Feta – 1 uncja, rozdrobniony

Wskazówki:

Dodaj 4 szklanki letniej wody i 1 łyżeczkę. sól w misce. Dodaj soczewicę i pozostaw do namoczenia w temperaturze pokojowej na 1 godzinę. Dobrze odcedź.

Umieść stojak piekarnika na środku i rozgrzej piekarnik do 325F. Połącz soczewicę, 4 szklanki wody, czosnek, liść laurowy i ½ łyżeczki. sól w rondlu. Przykryj i włóż patelnię do piekarnika i piecz przez 40 do 60 minut lub do momentu, aż soczewica będzie miękka.

Soczewicę dobrze odcedzić, wyrzucając czosnek i liść laurowy. W dużej misce wymieszaj oliwę i ocet. Dodaj szalotkę, miętę, oliwki i soczewicę i wymieszaj.

Dopraw solą i pieprzem do smaku. Ułóż ładnie w naczyniu do serwowania i udekoruj fetą. Podawać.

Wartości odżywcze (w 100g): 249 kalorii 14,3 g tłuszczu 22,1 g węglowodanów 9,5 g białka 885 mg sodu

Ciecierzyca z czosnkiem i pietruszką

Czas przygotowania: 5 minut
Czas gotowania: 20 minut
Porcje: 6
Poziom trudności: średni

Składniki:

- Oliwa z oliwek z pierwszego tłoczenia – ¼ szklanki
- Czosnek - 4 ząbki, pokrojone w cienkie plasterki
- Płatki czerwonej papryki - 1/8 łyżeczki.
- Cebula - 1, posiekana
- Sól i pieprz
- Ciecierzyca – 2 puszki po 15 uncji, odsączone
- Rosół z kurczaka - 1 szklanka
- Świeża posiekana natka pietruszki - 2 łyżki.
- Sok z cytryny - 2 łyżki.

Wskazówki:

Na patelni dodaj 3 łyżki. oliwę i smaż czosnek i płatki chili przez 3 minuty. Wymieszaj cebulę i ¼ łyżeczki. dodać sól i gotować przez 5 do 7 minut.

Wmieszać ciecierzycę i bulion i doprowadzić do wrzenia. Zmniejsz ogień i gotuj przez 7 minut pod przykryciem.

Przykryj, ustaw ogień na duży i gotuj przez 3 minuty lub do momentu, aż cały płyn odparuje. Odstaw na bok, dodaj sok z cytryny i natkę pietruszki.

Dopraw solą i pieprzem do smaku. Posypać 1 łyżką. oliwę i podawaj.

Wartości odżywcze (w 100g): 611 kalorii 17,6 g tłuszczu 89,5 g węglowodanów 28,7 g białka 789 mg sodu

Kompot z ciecierzycy z bakłażanem i pomidorami

Czas przygotowania: 10 minut
Czas gotowania: 60 minut
Porcje: 6
Poziom trudności: Łatwy

Składniki:

- Oliwa z oliwek z pierwszego tłoczenia – ¼ szklanki
- Cebula – 2, posiekana
- Papryka zielona – 1, drobno posiekana
- Sól i pieprz
- Czosnek - 3 ząbki, posiekane
- Świeżo posiekane oregano - 1 łyżka.
- Liście laurowe - 2
- Bakłażan – 1 funt, pokrojony na 1-calowe kawałki
- Pomidory obrane w całości - 1 puszka, odsączone z zarezerwowanego soku, posiekane
- Ciecierzyca – 2 puszki (15 uncji), odsączone z 1 szklanką zarezerwowanego płynu

Wskazówki:

Umieść stojak piekarnika w środkowej dolnej części i rozgrzej piekarnik do 400 F. Rozgrzej olej w holenderskim piekarniku. Dodać pieprz, cebulę, ½ łyżeczki. sól i ¼ łyżeczki. pieprz. Gotuj przez 5 minut.

Wymieszaj 1 łyżkę. oregano, czosnek i liście laurowe i gotuj przez 30 sekund. Dodać pomidory, bakłażany, zarezerwowany sok, ciecierzycę i zarezerwowany płyn i doprowadzić do wrzenia. Włóż formę do piekarnika i piecz bez przykrycia przez 45–60 minut. Mieszanie dwa razy.

Wyrzuć liście laurowe. Dodaj 2 łyżki. oregano i doprawić solą i pieprzem. Podawać.

Wartości odżywcze (w 100g): 642 kalorii 17,3 g tłuszczu 93,8 g węglowodanów 29,3 g białka 983 mg sodu

Ryż grecki z cytryną

Czas przygotowania: 20 minut

Czas gotowania: 45 minut

Porcje: 6

Poziom trudności: średni

Składniki:

- Ryż długoziarnisty – 2 szklanki, nieugotowany (namoczony w zimnej wodzie przez 20 minut, następnie odsączony)
- Oliwa z oliwek z pierwszego tłoczenia - 3 łyżki.
- Żółta cebula - 1 średnia, posiekana
- Czosnek - 1 ząbek, posiekany
- Makaron Orzo – ½ szklanki
- Sok z 2 cytryn plus skórka z 1 cytryny
- Zupa o niskiej zawartości sodu - 2 szklanki
- Końcówka noża solnego
- Posiekana natka pietruszki - 1 duża garść
- Koper - 1 łyżka stołowa.

Wskazówki:

W rondlu podgrzej 3 łyżki. Oliwa z oliwek z pierwszego tłoczenia. Dodać cebulę i smażyć przez 3 do 4 minut. Dodaj makaron orzo i czosnek, wymieszaj.

Następnie dodaj ryż tak, aby go przykrył. Dodać bulion i sok z cytryny. Doprowadzić do wrzenia i zmniejszyć ogień. Przykryj i gotuj przez około 20 minut.

Zdjąć z ognia. Przykryj i odstaw na 10 minut. Odkryj i dodaj skórkę z cytryny, koperek i pietruszkę. Podawać.

Wartości odżywcze (w 100g): 145 kalorii 6,9 g tłuszczu 18,3 g węglowodanów 3,3 g białka 893 mg sodu

Ryż z czosnkiem i ziołami

Czas przygotowania: 10 minut

Czas gotowania: 30 minut

Porcje: 4

Poziom trudności: Łatwy

Składniki:

- Oliwa z oliwek z pierwszego tłoczenia – ½ szklanki, podzielona
- Duże ząbki czosnku – 5, posiekane
- ryż jaśminowy brązowy – 2 szklanki
- Woda - 4 szklanki
- sól morska - 1 łyżeczka.
- Czarny pieprz - 1 łyżeczka.
- Świeżo posiekany szczypiorek - 3 łyżki.
- Świeża posiekana natka pietruszki - 2 łyżki.
- Świeżo posiekana bazylia - 1 łyżka.

Wskazówki:

Do rondla wlać szklankę oliwy z oliwek, czosnek i ryż. Mieszaj i podgrzewaj na średnim ogniu. Wymieszaj wodę, sól morską i czarny pieprz. Następnie wymieszaj ponownie.

Doprowadzić do wrzenia i zmniejszyć ogień. Gotujemy bez przykrycia, od czasu do czasu mieszając.

Gdy woda już prawie wchłonęła, pozostałą oliwę wymieszaj z bazylią, pietruszką i szczypiorkiem.

Mieszaj, aż zioła się połączą i wchłoną całą wodę.

Wartości odżywcze (w 100g): 304 kalorie 25,8 g tłuszcz 19,3 g węglowodany 2 g białko 874 mg sód

Śródziemnomorska sałatka ryżowa

Czas przygotowania: 10 minut
Czas gotowania: 25 minut
Porcje: 4
Poziom trudności: średni

Składniki:

- Oliwa z oliwek z pierwszego tłoczenia – ½ szklanki, podzielona
- Ryż brązowy długoziarnisty – 1 szklanka
- Woda - 2 szklanki
- Świeży sok z cytryny – ¼ szklanki
- Ząbek czosnku - 1, posiekany
- Świeżo posiekany rozmaryn - 1 łyżka.
- Świeża posiekana mięta - 1 łyżka stołowa.
- Endywia belgijska – 3, posiekane
- Papryka czerwona – 1 średnia, posiekana
- Ogórki szklarniowe – 1, posiekane
- Cała posiekana zielona cebula - ½ szklanki
- Posiekane oliwki Kalamata – ½ szklanki
- Płatki czerwonej papryki - ¼ łyżeczki.
- Tarty ser feta – ¾ szklanki
- Sól morska i czarny pieprz

Wskazówki:

W rondlu na małym ogniu podgrzej ¼ szklanki oliwy z oliwek, ryż i szczyptę soli. Mieszaj, aby pokryć ryż. Dodaj wodę i gotuj, aż woda zostanie wchłonięta. Mieszając od czasu do czasu. Wsyp ryż do dużej miski i pozostaw do ostygnięcia.

W innej misce połącz pozostałą ¼ szklanki oliwy z oliwek, płatki czerwonej papryki, oliwki, zieloną cebulę, ogórki, paprykę, endywię, miętę, rozmaryn, czosnek i sok z cytryny.

Do powstałej masy dodać ryż i wymieszać do połączenia. Delikatnie wmieszać ser feta.

Posmakuj i dopraw do smaku. Podawać.

Wartości odżywcze (w 100g): 415 kalorii 34 g tłuszczu 28,3 g węglowodanów 7 g białka 4755 mg sodu

Sałatka ze świeżej fasoli i tuńczyka

Czas przygotowania: 5 minut

Czas gotowania: 20 minut

Porcje: 6

Poziom trudności: Łatwy

Składniki:

- Świeża fasola łuskana (łuskana) – 2 szklanki
- Liście laurowe - 2
- Oliwa z oliwek z pierwszego tłoczenia - 3 łyżki.
- Ocet winny czerwony - 1 łyżka stołowa.
- Sól i czarny pieprz
- Finest Tuńczyk – 1 6-uncjowa puszka, zapakowana w oliwę z oliwek
- Solone kapary - 1 łyżka stołowa. namoczone i wysuszone
- drobno posiekana natka pietruszki – 2 łyżki.
- Czerwona cebula - 1, pokrojona w plasterki

Wskazówki:

W rondlu lekko zagotuj wodę z solą. Dodaj fasolę i liście laurowe; Następnie gotuj przez 15 do 20 minut lub do momentu, aż fasola będzie miękka, ale nadal twarda. Odcedzić, wyrzucić aromaty i przełożyć do miski.

Natychmiast dopraw fasolę octem i olejem. Dodaj sól i czarny pieprz. Dobrze wymieszaj i dostosuj przyprawy. Odcedź tuńczyka i pokrusz go w sałatkę fasolową. Dodać pietruszkę i kapary. Wymieszaj i połóż na wierzchu plasterki czerwonej cebuli. Podawać.

Wartości odżywcze (w 100g): 85 kalorii 7,1 g tłuszczu 4,7 g węglowodanów 1,8 g białka 863 mg sodu

Pyszny makaron z kurczakiem

Czas przygotowania: 10 minut
Czas gotowania: 17 minut
Porcje: 4
Poziom trudności: Łatwy

Składniki:

- 3 piersi z kurczaka, bez skóry, bez kości, pokrojone na kawałki
- 9 uncji makaronu pełnoziarnistego
- 1/2 szklanki oliwek, pokrojonych w plasterki
- 1/2 szklanki suszonych pomidorów
- 1 łyżka posiekanej pieczonej czerwonej papryki
- 14 uncji pomidorów z puszki, pokrojonych w kostkę
- 2 szklanki sosu marinara
- 1 szklanka zupy z kurczaka
- Pieprz
- Sól

Wskazówki:

Wymieszaj wszystkie składniki z wyjątkiem makaronu pełnoziarnistego w Instant Pot.

Zamknij pokrywkę i gotuj na dużym ogniu przez 12 minut.

Po zakończeniu pozwól, aby ciśnienie naturalnie opadło. Usuń osłonę.

Dodać makaron i dobrze wymieszać. Zamknij słoik, wybierz tryb ręczny i ustaw minutnik na 5 minut.

Kiedy skończysz, zwolnij nacisk na 5 minut, a następnie zwolnij resztę za pomocą szybkiego zwolnienia. Usuń osłonę. Dobrze wymieszaj i podawaj.

Wartości odżywcze (w 100g): 615 kalorii 15,4 g tłuszczu 71 g węglowodanów 48 g białka 631 mg sodu

Miska ryżowa z aromatyzowanym taco

Czas przygotowania: 10 minut

Czas gotowania: 14 minut

Porcje: 8

Poziom trudności: średni

Składniki:

- 1 kg mielonej wołowiny
- 8 uncji sera Cheddar, startego
- 14 uncji czerwonej fasoli w puszkach
- 2 uncje przyprawy do taco
- 16 uncji salsy
- 2 szklanki wody
- 2 szklanki brązowego ryżu
- Pieprz
- Sól

Wskazówki:

Ustaw Instant Pot na tryb smażenia.

Dodajemy mięso na patelnię i smażymy aż się zrumieni.

Dodać wodę, fasolę, ryż, przyprawę do taco, pieprz i sól i dobrze wymieszać.

Udekoruj salsą. Zamknij pokrywkę i gotuj na dużym ogniu przez 14 minut.

Gdy wszystko będzie gotowe, zwolnij nacisk za pomocą szybkozamykacza. Usuń osłonę.

Dodać ser cheddar i mieszać, aż ser się rozpuści.

Podawaj i ciesz się.

Wartości odżywcze (w 100g): 464 kalorii 15,3 g tłuszczu 48,9 g węglowodanów 32,2 g białka 612 mg sodu

Smaczny makaron i ser

Czas przygotowania: 10 minut
Czas gotowania: Dziesięć minut
Porcje: 6
Poziom trudności: Łatwy

Składniki:

- 16 uncji pełnoziarnistego makaronu z łokcia
- 4 szklanki wody
- 1 szklanka pomidorów z puszki, pokrojonych w kostkę
- 1 łyżeczka czosnku, posiekanego
- 2 łyżki oliwy z oliwek
- 1/4 szklanki zielonej cebuli, posiekanej
- 1/2 szklanki parmezanu, startego
- 1/2 szklanki startego sera mozzarella
- 1 szklanka startego sera Cheddar
- 1/4 szklanki passaty
- 1 szklanka niesłodzonego mleka migdałowego
- 1 szklanka marynowanego karczocha, pokrojonego w kostkę
- 1/2 szklanki suszonych pomidorów, pokrojonych w plasterki
- 1/2 szklanki oliwek, pokrojonych w plasterki
- 1 łyżeczka soli

Wskazówki:

Dodaj makaron, wodę, pomidory, czosnek, olej i sól do Instant Pot i dobrze wymieszaj. Przykryj pokrywką i gotuj na dużym ogniu.

Po zakończeniu zwolnij nacisk na kilka minut, a następnie zwolnij resztę za pomocą szybkiego zwolnienia. Usuń osłonę.

Ustaw patelnię w trybie smażenia. Dodać zieloną cebulę, parmezan, mozzarellę, ser cheddar, passatę, mleko migdałowe, karczochy, suszone pomidory i oliwki. Dobrze wymieszać.

Dobrze wymieszaj i gotuj, aż ser się rozpuści.

Podawaj i ciesz się.

Wartości odżywcze (w 100g): 519 kalorii 17,1 g tłuszczu 66,5 g węglowodanów 25 g białka 588 mg sodu

Ryż z ogórkami i oliwkami

Czas przygotowania: 10 minut
Czas gotowania: Dziesięć minut
Porcje: 8
Poziom trudności: średni

Składniki:

- 2 szklanki ryżu, opłukanego
- 1/2 szklanki oliwek bez pestek
- 1 szklanka posiekanego ogórka
- 1 łyżka octu winnego z czerwonego wina
- 1 łyżeczka startej skórki z cytryny
- 1 łyżka świeżego soku z cytryny
- 2 łyżki oliwy z oliwek
- 2 szklanki bulionu warzywnego
- 1/2 łyżeczki suszonego oregano
- 1 czerwona papryka, posiekana
- 1/2 szklanki cebuli, posiekanej
- 1 łyżka oliwy z oliwek
- Pieprz
- Sól

Wskazówki:

Dodaj olej do wewnętrznego garnka Instant Pot i wybierz garnek do smażenia. Dodać cebulę i smażyć przez 3 minuty. Dodaj pieprz i oregano i smaż przez 1 minutę.

Dodać ryż i bulion i dobrze wymieszać. Zamknij pokrywkę i gotuj na dużym ogniu przez 6 minut. Po zakończeniu pozwól, aby ciśnienie opadło na 10 minut, a następnie zwolnij resztę za pomocą szybkiego zwolnienia. Usuń osłonę.

Dodaj resztę składników i dobrze wymieszaj. Podawaj natychmiast i ciesz się smakiem.

Wartości odżywcze (w 100g): 229 kalorii 5,1 g tłuszczu 40,2 g węglowodanów 4,9 g białka 210 mg sodu

Smaki risotto z ziołami

Czas przygotowania: 10 minut
Czas gotowania: 15 minut
Porcje: 4
Poziom trudności: średni

Składniki:

- 2 szklanki ryżu
- 2 łyżki startego parmezanu
- 3,5 uncji ciężkiej śmietany
- 1 łyżka świeżego oregano, posiekanego
- 1 łyżka świeżej bazylii, posiekanej
- 1/2 łyżki posiekanej szałwii
- 1 cebula, posiekana
- 2 łyżki oliwy z oliwek
- 1 łyżeczka czosnku, posiekanego
- 4 szklanki bulionu warzywnego
- Pieprz
- Sól

Wskazówki:

Dodaj olej do wewnętrznego pojemnika Instant Pot i przełącz garnek w tryb smażenia. Dodaj czosnek i cebulę do wewnętrznego garnka Instant Pot i przełącz garnek w tryb smażenia. Dodaj czosnek i cebulę i smaż przez 2-3 minuty.

Dodaj pozostałe składniki oprócz parmezanu i gęstej śmietanki i dobrze wymieszaj. Zamknij pokrywkę i gotuj na dużym ogniu przez 12 minut.

Gdy wszystko będzie gotowe, zwolnij nacisk na 10 minut, a następnie zwolnij resztę za pomocą szybkozamykacza. Usuń osłonę. Wymieszaj śmietanę i ser i podawaj.

Wartości odżywcze (w 100g): 514 kalorii 17,6 g tłuszczu 79,4 g węglowodanów 8,8 g białka 488 mg sodu

Pyszny makaron Primavera

Czas przygotowania: 10 minut
Czas gotowania: 4 minuty
Porcje: 4
Poziom trudności: Łatwy

Składniki:

- 8 uncji penne pełnoziarnistego
- 1 łyżka świeżego soku z cytryny
- 2 łyżki posiekanej świeżej pietruszki
- 1/4 szklanki płatków migdałowych
- 1/4 szklanki parmezanu, startego
- 14 uncji pomidorów z puszki, pokrojonych w kostkę
- 1/2 szklanki śliwek
- 1/2 szklanki posiekanej cukinii
- 1/2 szklanki szparagów
- 1/2 szklanki posiekanej marchewki
- 1/2 szklanki brokułów, posiekanych
- 1 3/4 szklanki bulionu warzywnego
- Pieprz
- Sól

Wskazówki:

Do garnka Instant Pot dodaj bulion, gruszki, pomidory, suszone śliwki, cukinię, szparagi, marchewkę i brokuły i dobrze wymieszaj. Zamknąć i gotować maksymalnie 4 minuty. Gdy wszystko będzie gotowe, zwolnij nacisk za pomocą szybkozamykacza. Usuń osłonę. Pozostałe składniki dobrze wymieszaj i podawaj.

Wartości odżywcze (w 100g): 303 kalorie 2,6 g tłuszczu 63,5 g węglowodanów 12,8 g białka 918 mg sodu

Makaron z pieczoną papryką

Czas przygotowania: 10 minut
Czas gotowania: 13 minut
Porcje: 6
Poziom trudności: średni

Składniki:

- 1 funt pełnoziarnistego makaronu penne
- 1 łyżka przyprawy włoskiej
- 4 szklanki bulionu warzywnego
- 1 łyżka czosnku, posiekanego
- 1/2 cebuli, posiekanej
- 14-uncjowy słoik pieczonej czerwonej papryki
- 1 szklanka sera feta, posiekanego
- 1 łyżka oliwy z oliwek
- Pieprz
- Sól

Wskazówki:

Do blendera włóż upieczoną paprykę i zmiksuj na gładką masę. Dodaj olej do wewnętrznego garnka Instant Pot i ustaw garnek w trybie smażenia. Dodaj czosnek i cebulę do wewnętrznej filiżanki Instant Pot i podsmaż garnek. Dodaj czosnek i cebulę i smaż przez 2-3 minuty.

Dodaj mieszankę grillowanej papryki i smaż przez 2 minuty.

Dodać pozostałe składniki oprócz sera feta i dobrze wymieszać. Zamknąć hermetycznie i gotować na dużym ogniu przez 8 minut. Po zakończeniu zwolnij nacisk w sposób naturalny na 5 minut, a następnie zwolnij resztę za pomocą szybkiego zwolnienia. Usuń osłonę. Posyp serem feta i podawaj.

Wartości odżywcze (w 100g): 459 kalorii 10,6 g tłuszczu 68,1 g węglowodanów 21,3 g białka 724 mg sodu

Ser Bazylia Pomidory Ryż

Czas przygotowania: 10 minut
Czas gotowania: 26 minut
Porcje: 8
Poziom trudności: średni

Składniki:

- 1 1/2 szklanki brązowego ryżu
- 1 szklanka startego parmezanu
- 1/4 szklanki świeżej bazylii, posiekanej
- 2 szklanki pomidorków winogronowych, przekrojonych na pół
- 8 uncji sosu pomidorowego z puszki
- 1 3/4 szklanki bulionu warzywnego
- 1 łyżka czosnku, posiekanego
- 1/2 szklanki cebuli, pokrojonej w kostkę
- 1 łyżka oliwy z oliwek
- Pieprz
- Sól

Wskazówki:

Dodaj olej do wewnętrznego basenu Instant Pot i wybierz garnek do smażenia. Umieść czosnek i cebulę w wewnętrznym pojemniku Instant Pot i zagotuj. Wmieszaj czosnek i cebulę i smaż przez 4 minuty. Dodać ryż, sos pomidorowy, bulion, pieprz i sól i dobrze wymieszać.

Zamknąć i gotować na dużym ogniu przez 22 minuty.

Po zakończeniu pozwól mu zwolnić nacisk na 10 minut, a następnie zwolnij resztę za pomocą szybkiego zwolnienia. Usuń osłonę. Dodać resztę składników i wymieszać. Podawaj i ciesz się.

Wartości odżywcze (w 100g): 208 kalorii 5,6 g tłuszczu 32,1 g węglowodanów 8,3 g białka 863 mg sodu

makaron z tuńczykiem

Czas przygotowania: 10 minut
Czas gotowania: 8 minut
Porcje: 6
Poziom trudności: średni

Składniki:

- 10 uncji puszki tuńczyka, odsączonego
- 15 uncji pełnoziarnistego makaronu rotini
- 4 uncje sera mozzarella, pokrojonego w kostkę
- 1/2 szklanki parmezanu, startego
- 1 łyżeczka suszonej bazylii
- Puszka pomidorów o pojemności 14 uncji
- 4 szklanki bulionu warzywnego
- 1 łyżka czosnku, posiekanego
- 8 uncji grzybów, pokrojonych w plasterki
- 2 cukinie, pokrojone w plasterki
- 1 cebula, posiekana
- 2 łyżki oliwy z oliwek
- Pieprz
- Sól

Wskazówki:

Wlej olej do wewnętrznego garnka Instant Pot i naciśnij garnek, aby go stopić. Dodajemy pieczarki, cukinię i cebulę i smażymy, aż cebula zmięknie. Dodaj czosnek i smaż przez minutę.

Dodać makaron, bazylię, tuńczyka, pomidory i bulion i dobrze wymieszać. Zamknąć i gotować maksymalnie 4 minuty. Po zakończeniu zwolnij nacisk na 5 minut, a następnie zwolnij resztę za pomocą szybkiego zwolnienia. Usuń osłonę. Dodać pozostałe składniki, dobrze wymieszać i podawać.

Wartości odżywcze (w 100g): 346 kalorii 11,9 g tłuszczu 31,3 g węglowodanów 6,3 g białka 830 mg sodu

Panini miksuje awokado i indyka

Czas przygotowania: 5 minut
Czas gotowania: 8 minut
Porcje: 2
Poziom trudności: Łatwy

Składniki:

- 2 czerwone papryki, upieczone i pokrojone w paski
- ¼ funta cienko pokrojonej piersi z indyka wędzonej mesquite
- 1 szklanka całych świeżych liści szpinaku, podzielona
- 2 plasterki provolonu
- 1 łyżka oliwy z oliwek, podzielona
- 2 bułki ciabatty
- ¼ szklanki majonezu
- ½ dojrzałego awokado

Wskazówki:

W misce dobrze rozgnieć majonez i awokado. Następnie rozgrzej prasę do panini.

Bułki przekrawamy na pół i smarujemy wnętrze bułki oliwą. Następnie napełnij farszem, układając warstwami: provolone, pierś z indyka, pieczona czerwona papryka, liście szpinaku, posmaruj masą awokado i przykryj drugą kromką chleba.

Włóż kanapkę do prasy do panini i grilluj przez 5 do 8 minut, aż ser się roztopi, a chleb będzie chrupiący i pokryty smugami.

Wartości odżywcze (w 100g): 546 kalorii 34,8 g tłuszczu 31,9 g węglowodanów 27,8 g białka 582 mg sodu

Fattoush – chleb z Bliskiego Wschodu

Czas przygotowania: 10 minut

Czas gotowania: 15 minut

Porcje: 6

Poziom trudności: trudny

Składniki:

- 2 chleby pita
- 1 łyżka oliwy z oliwek z pierwszego tłoczenia
- 1/2 łyżeczki sumaku, więcej na później
- Sól i pieprz
- 1 serce sałaty rzymskiej
- 1 ogórek angielski
- 5 pomidorów rzymskich
- 5 zielonych cebul
- 5 rzodkiewek
- 2 szklanki posiekanych świeżych liści pietruszki
- 1 szklanka posiekanych świeżych liści mięty
- <u>Składniki na dressing:</u>
- 1 1/2 limonki, sok
- 1/3 szklanki oliwy z oliwek z pierwszego tłoczenia
- Sól i pieprz
- 1 łyżeczka mielonego sumaku
- 1/4 łyżeczki mielonego cynamonu
- 1/4 łyżeczki zmielonego ziela angielskiego

Wskazówki:

Opiekaj chleb pita przez 5 minut w tosterze. A następnie porwij chleb pita na kawałki.

Na dużej patelni na średnim ogniu rozgrzej 3 łyżki oliwy z oliwek przez 3 minuty. Dodaj chleb pita i opiekaj aż do zrumienienia, około 4 minut, mieszając.

Dodać sól, pieprz i 1/2 łyżeczki sumaka. Trzymaj chipsy pita z ognia i połóż je na ręcznikach papierowych, aby odciekły.

W dużej misce sałatkowej dobrze wymieszaj posiekaną sałatę, ogórki, pomidory, zieloną cebulę, pokrojone w plasterki rzodkiewki, liście mięty i pietruszkę.

Aby przygotować winegret limonkowy, połącz wszystkie składniki w małej misce.

Dodaj winegret do sałatki i dobrze wymieszaj. Dodaj chleb pita.

Podawaj i ciesz się.

Wartości odżywcze (w 100g): 192 kalorie 13,8 g tłuszcz 16,1 g węglowodany 3,9 g białko 655 mg sód

Bezglutenowa focaccia z pomidorami i czosnkiem

Czas przygotowania: 5 minut
Czas gotowania: 20 minut
Porcje: 8
Poziom trudności: trudny

Składniki:

- 1 jajko
- ½ łyżeczki soku z cytryny
- 1 łyżka miodu
- 4 łyżki oliwy z oliwek
- Szczypta cukru
- 1 szklanka letniej wody
- 1 łyżka aktywnych suchych drożdży
- 2 łyżeczki rozmarynu, posiekanego
- 2 łyżeczki tymianku, posiekanego
- 2 łyżeczki bazylii, posiekanej
- 2 ząbki czosnku, posiekane
- 1 łyżeczka soli morskiej
- 2 łyżeczki gumy ksantanowej
- ½ szklanki mąki jaglanej
- 1 szklanka skrobi ziemniaczanej, nie mąki
- 1 szklanka mąki sorgo
- Bezglutenowa mąka kukurydziana do pieczenia

Wskazówki:

Włącz piekarnik na 5 minut, a następnie wyłącz go, nie zamykając drzwiczek piekarnika.

Wymieszaj ciepłą wodę i szczyptę cukru. Dodać drożdże i delikatnie wymieszać. Pozostaw na 7 minut.

W dużej misce wymieszaj zioła, czosnek, sól, gumę ksantanową, skrobię i mąkę. Gdy drożdże wyrosną, wsyp je do miski z mąką. Dodać jajko, sok z cytryny, miód i oliwę z oliwek.

Dobrze wymieszaj i włóż do dobrze natłuszczonej kwadratowej formy posmarowanej masłem. Udekoruj świeżym czosnkiem, kilkoma ziołami i pokrojonymi w plasterki pomidorami. Wstawiamy do nagrzanego piekarnika i pozostawiamy do wyrośnięcia na pół godziny.

Włącz piekarnik na 375oF i po nagrzaniu na 20 minut. Focaccia jest gotowa, gdy jej wierzch lekko się zarumieni. Natychmiast wyjmij z piekarnika i blachy i pozostaw do ostygnięcia. Najlepiej podawane na gorąco.

Wartości odżywcze (w 100g): 251 kalorii 9 g tłuszczu 38,4 g węglowodanów 5,4 g białka 366 mg sodu

grillowane burgery grzybowe

Czas przygotowania: 15 minut

Czas gotowania: Dziesięć minut

Porcje: 4

Poziom trudności: średni

Składniki:

- 2 sałaty Bibb, przekrojone na pół
- 4 plasterki czerwonej cebuli
- 4 plasterki pomidorów
- 4 bułki pełnoziarniste, smażone
- 2 łyżki oliwy z oliwek
- vs. 1 łyżeczka pieprzu cayenne, opcjonalnie
- 1 ząbek czosnku, posiekany
- 1 łyżka cukru
- ½ szklanki wody
- 1/3 szklanki octu balsamicznego
- 4 duże kapelusze grzybów Portobello o średnicy około 5 cali

Wskazówki:

Usuń łodygi z grzybów i wyczyść je wilgotną szmatką. Przełożyć na blachę do pieczenia blaszkami do góry.

W misce wymieszaj oliwę, pieprz cayenne, czosnek, cukier, wodę i ocet. Polać grzybami i marynować w lodówce przez co najmniej godzinę.

Po upływie tej godziny rozgrzej grill do średnio-wysokiej temperatury i natłuść go.

Smaż grzyby przez pięć minut z każdej strony lub do miękkości. Pieczarki posmaruj marynatą, żeby nie wyschły.

Aby złożyć, połóż połowę chleba na talerzu, udekoruj plasterkiem cebuli, grzybów, pomidorów i liściem sałaty. Przykryj drugą górną połówką chleba. Powtórz proces z pozostałymi składnikami, podawaj i ciesz się smakiem.

Wartości odżywcze (w 100g): 244 kalorie 9,3 g tłuszczu 32 g węglowodanów 8,1 g białka 693 mg sodu

Śródziemnomorska baba ganoush

Czas przygotowania: 10 minut
Czas gotowania: 25 minut
Porcje: 4
Poziom trudności: średni

Składniki:

- 1 główka czosnku
- 1 czerwona papryka, przekrojona na pół i bez nasion
- 1 łyżka świeżej posiekanej bazylii
- 1 łyżka oliwy z oliwek
- 1 łyżeczka czarnego pieprzu
- 2 bakłażany, pokrojone wzdłuż
- 2 kromki chleba lub pity
- Sok z 1 cytryny

Wskazówki:

Posmaruj grill sprayem do gotowania i rozgrzej grill na średnim ogniu.

Odetnij wierzchołki główek czosnku i zawiń je w folię. Umieścić w najchłodniejszej części grilla i piec przez co najmniej 20 minut.

Połóż paprykę i plasterki bakłażana na najgorętszej stronie grilla. Grilluj z obu stron.

Po ugotowaniu cebul zdejmij skórkę z pieczonego czosnku i włóż obrany czosnek do robota kuchennego. Dodać oliwę, pieprz, bazylię, sok z cytryny, pieczoną czerwoną paprykę i grillowanego bakłażana. Zmiksować i wlać do miski.

Grilluj chleb przez co najmniej 30 sekund z każdej strony, aby się zarumienił. Podawaj chleb z puree i ciesz się smakiem.

Wartości odżywcze (w 100g): 231,6 kalorii 4,8 g tłuszczu 36,3 g węglowodanów 6,3 g białka 593 mg sodu

Bułeczki wieloziarniste i bezglutenowe

Czas przygotowania: 10 minut
Czas gotowania: 20 minut
Porcje: 8
Poziom trudności: średni

Składniki:

- ½ łyżeczki octu jabłkowego
- 3 łyżki oliwy z oliwek
- 2 jajka
- 1 łyżeczka proszku do pieczenia
- 1 łyżeczka soli
- 2 łyżeczki gumy ksantanowej
- ½ szklanki skrobi z tapioki
- ¼ szklanki brązowej mąki teff
- ¼ szklanki mąki lnianej
- ¼ szklanki mąki amarantowej
- ¼ szklanki mąki sorgo
- ¾ szklanki mąki z brązowego ryżu

Wskazówki:

W małej misce dobrze wymieszaj wodę z miodem i dodaj drożdże. Pozostawić na dokładnie 10 minut.

Za pomocą miksera łopatkowego wymieszaj następujące składniki: proszek do pieczenia, sól, guma ksantanowa, mączka lniana, mąka z sorgo, mąka teff, skrobia z tapioki, mąka amarantusowa i mąka z brązowego ryżu.

W średniej misce wymieszaj ocet, oliwę z oliwek i jajka.

Do miski z suchymi składnikami wlać mieszaninę octu i drożdży i dobrze wymieszać.

Formę do muffinów na 12 muffinów posmaruj sprayem kuchennym. Ciasto równomiernie przełożyć do foremek na 12 muffinów i pozostawić do wyrośnięcia na godzinę.

Następnie rozgrzej piekarnik do 100°C i piecz bułeczki, aż wierzch będzie złotobrązowy, około 20 minut.

Natychmiast wyjmij bułki i foremki z muffinami i poczekaj, aż ostygną.

Najlepiej podawane na gorąco.

Wartości odżywcze (w 100g): 207 kalorii 8,3 g tłuszczu 27,8 g węglowodanów 4,6 g białka 844 mg sodu

www.ingramcontent.com/pod-product-compliance
Lightning Source LLC
Chambersburg PA
CBHW071905110526
44591CB00011B/1552